우주인의 사랑 메시지

우주에서 온
고대문명의
설계자들

우주인의 사랑 메시지

우주에서 온 고대문명의 설계자들

장래홍과 토란트 지음

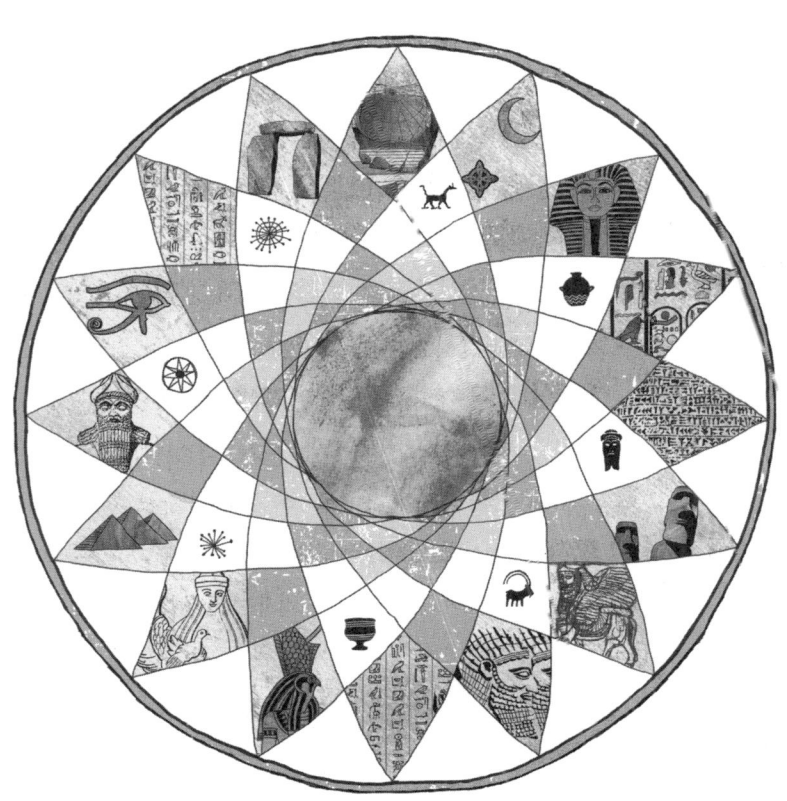

★ ★ ★

사랑으로 모든 것을 받아들이고
서로 존중할 때만이
문명은 지속될 수 있습니다

★ ★ ★

프롤로그

　제게 우주인이라는 단어는 미끌미끌할 것만 같은 ET 피부의 느낌 그 이상도 이하도 아니었습니다. 좋다 싫다 호불호를 떠나서 이상하거나 혹은 관심 밖의 대상이었지요. 다만 가끔 뉴스에 UFO나 우주인에 관한 내용이 나오면 귀가 솔깃하는 정도였습니다. 더구나 우주인과 사랑이라는 단어는 조금의 연관성도 찾기 어려웠죠. 바로 그 소리가 들리기 전까지는요.

　어느 날 예기치 않게 마음 아주 깊은 곳에서 온 몸을 울리는 그 소리가 들려왔습니다. 처음에는 내면의 목소리인가 하는 생각도 들었지만, 그는 시리우스에서 온 우주인이라고 자신을 소개했습니다. 그는 상당히 유머러스한 존재였지요.

함께 명상하는 분들 중 우주인과 대화가 가능한 분들이 생겼다는 이야기는 들었지만 막상 제게 이런 일이 일어나니 놀라웠습니다. 하지만 당황스럽지는 않았습니다. 대하고 보니 어렵게만 생각했던 우주인에게는 인간 냄새가 물씬 묻어났거든요.

저는 10여 년간 명상을 해오고 있고, 지금은 명상지도사로서 대중들에게 명상을 알리고 있습니다. 명상을 하면서 고대의 명상문화, 정신문화 등에 관심을 갖고 있던 저에게 우주인은 지구의 역사에 관해 말해주었습니다. 정확히 말하자면 지구의 역사에 관여한 우주인에 대해서였지요.

우주인이 전해준 이야기는 놀라웠습니다. 지금까지 제가 알던 사실과는 다르게 지구 역사는 실로 우주인을 빼놓고는 말할 수 없을 정도였지요. 그동안 수수께끼 같던 많은 미스터리들이 하나하나 풀려갔습니다.

그는 4대 문명에 속하는 이집트 문명과 메소포타미아 문명 모두 시리우스 우주인들이 건립한 문명이었으며, 일종의 실험적 성격의 문명이었다는 것을 말해주었습니다. 실험이란 바로 지구에 내려온 우주인들이 지구에서 진화를 잘할 수 있도록 여건을 만들 수 있는가에 관한 것이었죠. 더불어 우주의 모든 존재들의 목적은 진화라고 말해주었습니다.

그뿐만 아니라 7대 불가사의에 속하는 스톤헨지나 마추픽추도 우주인의 작품이며, 전설의 고대문명인 아틀란티스와 레뮤리아 역시 우주인들이 개입했던 문명임을 말해주었습니다. 그동안 그 실체가 전혀 알려지지 않았던 아틀란티스와 레뮤리아에 대한 이야기는 매우 흥미로웠으며 놀라웠습니다. 약 100만 년 전에 존재했던 그 문명들은 현 인류보다 훨씬 뛰어난 과학기술을 가지고 있었다고 합니다. 더불어 그들이 전쟁을 한 이유와 멸망의 길을 걸을 수밖에 없었던 이유에 대해서도 알게 되었지요.

우주인은 이 대화를 통해 위기의 지구를 극복하는 방법을 알려주고자 했습니다. 고대의 예를 참고해 물질문명에 찌든 지구와 그 가족을 구하고, 한층 더 진화한 문명으로 나아가는 방법을 알려주고자 했습니다.

그것은 바로 지구의 모든 존재가 함께 사랑으로 한마음이 되자는 것이었습니다. 그리고 '사랑'이라면 다가오는 지구의 위기에서 벗어날 수 있다고 교훈을 주고 있었습니다.

우주인이 전해준 메시지를 통해 저는 우주와 세상을 바라보는 시각이 달라졌고, 고통마저도 인간의 진화를 위해 존재하는 것임을 깨달을 수 있었습니다. 그렇게 생각하고 나니 모든 것이 감사하게만 느껴지더군요.

대화하는 내내 하나라도 더 알려주려는 우주인들의 깊은 사랑이 느껴졌습니다. 그들에게도 지구는 소중하며 그 지구를 살리기 위해, 그들의 또 다른 모습인 우리를 구하기 위해 그들은 따스한 가슴으로 다가오고 있었으니까요.

이 책이 여러분의 마음에 작은 동심원이 되어 작지만 따스한 사랑으로 역사를 만들어갈 수 있기를 기원해 봅니다.[1]

---

1) 책의 구성상 일부 장에서는 동료 명상인들의 도움을 받았음을 밝혀둡니다.

차례

프롤로그 6

1부 시리우스 3인의 실험, 이집트 문명

시리우스 우주인 토란트와의 만남 15
3명의 시리우스인, 이집트 문명을 건설하다 21
피라미드의 비밀 29
이집트 역사는 삭제되었다? 36

2부 시리우스 주류층의 실험, 메소포타미아 문명

동이족과 수메르 문명 45
수메르 미의 여신 이난나 55
대홍수와 문명의 소멸 61
고통, 진화를 위한 가르침 66

3부 지구 곳곳에 남겨진 우주인들의 건축물

다른 차원으로 통하는 문, 스톤헨지 75
하늘의 가르침을 지상에 펴던 곳 마추픽추 88
레뮤리아 대륙의 신전, 요나구니 유적 99

4부 전설의 고대문명, 아틀란티스와 레뮤리아

태양계를 여행하던 최첨단 과학기술 109
전쟁 그리고 혼란기 117
두 문경의 중재자, 에비티스 124
21세기 지구 인류의 방향 130

에필로그 138
지구와 시리우스별 소개 141
수선재 소개 144
지구를 살리는 사랑실천 150

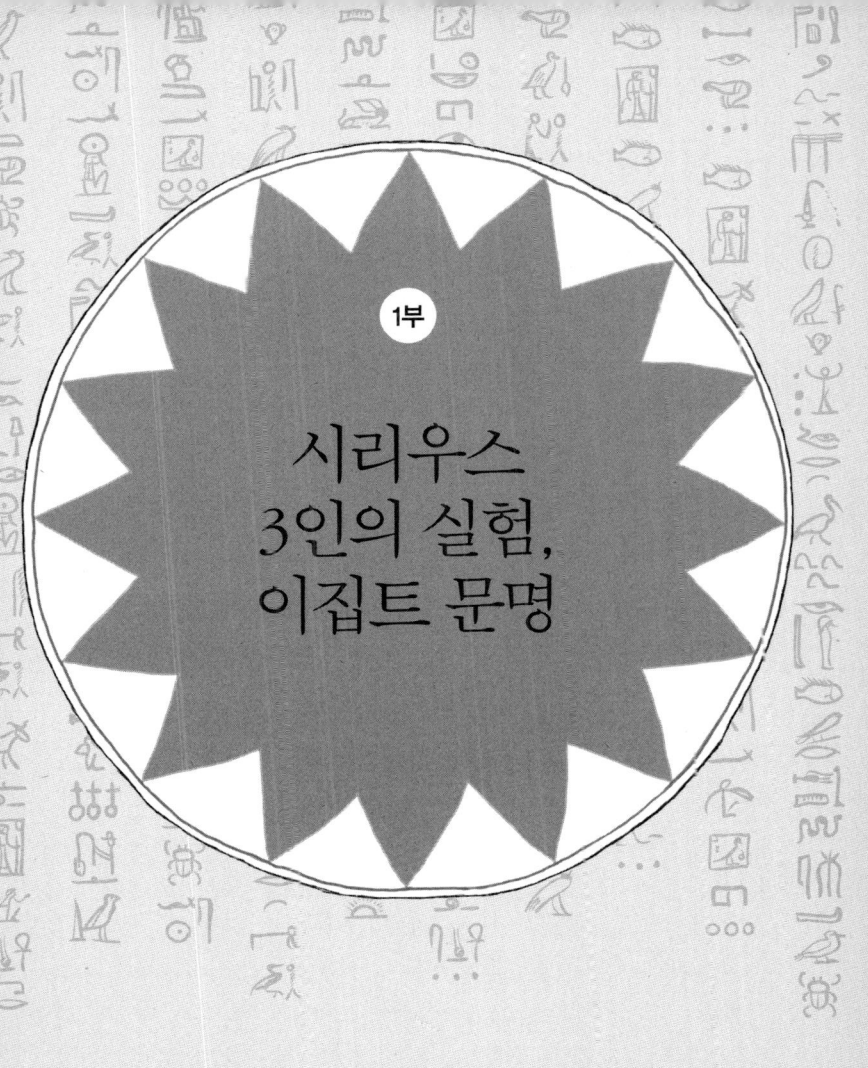

1부

시리우스 3인의 실험, 이집트 문명

★ ★ ★

이집트 문명은 시리우스에서 대단위로 시도한 프로젝트는 아닙니다. 최초로 3명의 시리우스인이 지구상에 문명을 건설하면서 그에 동참하는 인원이 추가된 것으로, 소규모 그룹의 실험적 성격을 가지고 있었습니다. 지구인들의 입장에서 본다면 허탈하실 수도 있을 것입니다. 그렇게 거대한 문명이, 시리우스라는 타 별의 주도적 인물도 아닌 소규모 집단에 의해 성립되었다는 사실이 말이지요.

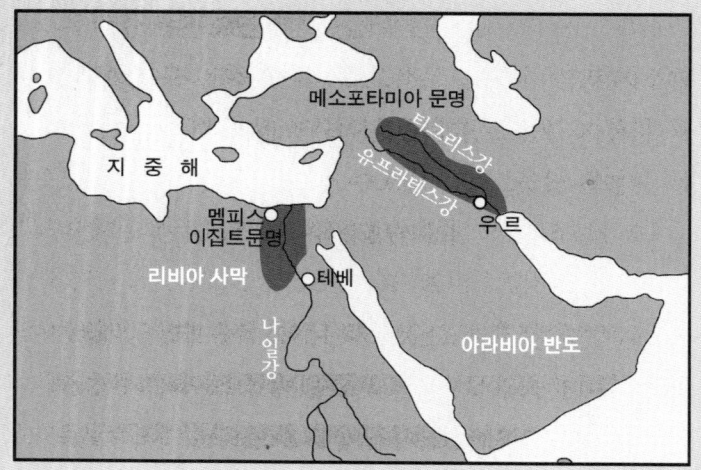

: 이집트 문명 :

이집트 문명은 기원전 3,200년경 나일강 유역에서 일어난 고대문명이다. 강력한 국가 권력 아래 피라미드를 건설하고 상형문자를 사용하였다. 나일강의 정기적인 범람으로 인해 비옥한 농토에서 농경문화를 이룰 수 있었으며, 태양력·기하학·건축술·천문학 등의 과학기술이 발달하였다. 사방이 사막과 바다로 막힌 폐쇄적인 지형 때문에 다른 민족의 침입으로부터 비교적 안전할 수 있었으나, 기원전 332년 알렉산더 대왕의 점령으로 3,000여 년의 이집트 역사는 막을 내리게 되었다.
(위 설명은 이집트 문명에 대한 이해를 돕고자 일반적인 정론을 바탕으로 작성했습니다. 이어지는 대화에서는 기존 정론을 뒤엎는 새로운 사실이 공개됩니다)

시리우스 우주인 토란트와의 만남

안녕하세요?

??

안녕하세요. 저는 당신을 만나기 위해 시리우스[2]별에서 온 토란트입니다.

---

2) p.141 '지구와 시리우스별 소개' 참조

안녕하세요? 시리우스별의 토란트라고 하셨나요?

네, 맞습니다. 만나 뵙게 되어 반갑습니다.

반갑습니다. 저는 지구별에 사는 정래홍이라고 합니다. 시리우스의 우주인과 파장(텔레파시)으로 대화를 할 수 있다니 놀랍기도 하고 다소 흥분이 되기도 합니다.

하하, 파장으로 가능한 일이지요. 우주의 모든 것은 파장으로 이루어집니다.

시리우스별은 지구에서 가깝기 때문에 밤하늘에서 가장 밝은 별 중의 하나라고 알고 있는데, 제가 지금 그 별에 있는 분과 대화하고 있는 것인가요?

그렇습니다. 지구는 물질계에 해당하는 3차원의 별이라 아직 파장을 제대로 사용하기가 쉽지 않지만, 곧 다가올 차원 상승[3] 이후에는 자리에 앉아 수백억 광년 떨어진 존

---

3) 자세한 내용은 『위기의 지구, 희망을 말하다』 참조

재와 대화하는 것이 일상이 될 것입니다. 제가 있는 이곳 시리우스는 지구가 차원 상승을 한 후에 도달하게 될 5차원에 해당하는 별이지요.

지구가 차원 상승을 한다고 하셨나요?

맞습니다. 곧 지구는 3차원에서 5차원으로 차원 상승을 하도록 예정되어 있습니다. 모두 우주의 스케줄이지요. 그것을 알려 드리기 위해 파장으로 대화가 가능한 래홍님을 찾아온 것이지요.

차원 상승을 하게 되면 무엇이 변하게 되는 거죠? 제 몸이 변하기도 하나요?

맞습니다. 래홍님의 몸도 변하게 될 것입니다. 반에테르체[4]로 말이지요. 3차원이 물질계라면 5차원은 물질의 속성이 반, 에테르의 속성이 반 섞인 반에테르의 세계-

---

[4] 5차원에 존재하는 에테르(유체)와 물질(육체)의 중간 상태. 현재(3차원)의 육체보다 모든 기능이 훨씬 진화된 존재로 물질계와 정신계를 동시에 수용할 수 있는 능력이 있으며 광속 이상으로 우주 공간을 이동할 수 있다.

시리우스 3인의 실험, 이집트 문명 17

든요. 육체가 반에테르체가 된다는 것은 물질의 한계를 벗어난다는 뜻이지요. 쉽게 말하면 시공간을 초월하게 된다는 뜻입니다.

와! 시공간을 초월하게 된다니 상상이 가질 않네요.

지금 당장은 믿겨지시지 않겠지만, 조금씩 저와 대화를 하며 풀어가다 보면 상상이 되실 겁니다. 래홍님께 전해주고 싶은 이야기가 많거든요.

기대됩니다.^^ 그런데 아까 성함이 토란트라고 하셨는지요? 인터넷 공유 프로그램과 비슷한 성함이라 제가 혹시 잘못 받고 결례하는 것이 아닌지 몰라서요.

하하, 거의 비슷하다고 보면 됩니다. 영어 발음이 이렇게도 저렇게도 읽히는 것과 같지요. 공유 프로그램과 비슷한 것도 맞습니다. 지구상의 모든 이름은 그냥 지어지는 것이 아니라 일정 부분 우주의 파장을 받는 것임을 고려한다면, 그것과 제 이름이 통하는 부분도 있습니다.

정보의 그물망과 같은 특성 말씀이시지요?

그렇습니다. 초면인데도 이야기가 잘 통하시네요.
저는 시리우스에서 정보의 보관과 취합을 맡고 있습니다. 이 중에서 래홍님께 시리우스가 관여한 지구의 역사, 그리고 지구 문명의 생성과 소멸에 대해 시리우스에서 기록한 자료를 알려드리려고 합니다.

네. 정보의 보관과 취합을 맡고 있다고 하셨는데, 시리우스에서는 어떠한 방법으로 정보를 취합하고 보관하는지요?

설마 종이로 하리라고 생각지는 않으셨겠지요.^^ 모든 정보는 곧 기운과 파장으로 보관됩니다. 인간의 컴퓨터와 같은 기적氣的인 기계에, 기운의 형태로 보관된다고 생각하시면 이해가 쉬울 것 같습니다. 이러한 기적인 기계는 마음과 직접 연동되어 일일이 힘들게 타이핑하지 않아도 기계에 접속하여 떠올리면, 정보에 접속이 됩니다. 지금처럼 파장을 받으시는 것과 비슷한 개념이지만 훨씬 빠르고 효율적이라고 보시면 됩니다.

취합의 과정은 조사를 담당한 사람의 장치와 메인 기기가 연결되어 실시간으로 수집됩니다. 특파원이 방송국에 정보를 전달하는 것과 같다고 보면 되겠지요.

지구에서 발생한 고대문명에 대한 모든 정보가 시리우스의 자료에 담겨 있다는 것인지요?

물론 그렇지는 않습니다. 하지만 저희가 직접 관여한 이집트, 메소포타미아 문명은 상세한 정보를 드릴 수 있습니다.

이집트 문명과 메소포타미아 문명을 시리우스가 관여했다고요?

네, 그렇습니다. 인간의 변수는 워낙 다양하므로 이집트와 메소포타미아에 각각 다른 방법으로 실험을 했던 것이지요.

두 문명을 실험했다…. 어떤 실험이었는지 사뭇 궁금해지는데요. 어서 빨리 듣고 싶어집니다.

그럼, 우선 이집트 문명부터 시작해 볼까요? 메소포타미아 문명의 시작이 기원전 6,000년경으로서 이집트보다 앞서기는 하나, 더욱 흥미로운 문명을 먼저 다루고 그에 연관되어 메소포타미아 문명을 알려드리는 것이 연대순보다 더 재미있을 것입니다.

3명의 시리우스인, 이집트 문명을 건설하다

시리우스인들이 이집트 문명에 관여한 이유는 무엇이었는지요?

이집트 문명은 기원전 3,200년경에 시작되었다고 알려졌지만, 이는 사실과 다릅니다. 그보다 훨씬 오래전인 기원전 35,000년경에 시작되었으며, 시리우스인들의 정신적 발전을 도모하기 위한 목적으로 만들어졌습니다.

곧, 인간의 몸으로 태어나 진화하기 위한 과정인데, 시리우스 친화적인 환경을 구축하여 지구에 있는 시리우스인들이 본래의 자신을 빨리 찾도록 하는 것이 그 목적이었지요.

지구에서의 삶은 그 특성상 몸이라는 물질적 도구를 통해 빠른 진화를 이룰 수 있는 반면, 몸 안에 영혼이 갇히면서 모든 것을 망각하고 태어나는 상당한 도박성을 내포하고 있기도 합니다. 이러한 과정에서 위험성을 줄이기 위한 실험의 목적으로 시리우스와 접속이 용이한 환경을 만들고, 영혼이 이식되도록 한 것입니다. 영혼의 이식이란 기적氣的인 상태 즉, 영靈을 가지고 지구의 인간으로 태어나는 방법입니다.

이 방법을 통해 본인들이 들어와 있던 육체를 더욱 발전적으로 연구했고 이러한 과정은 부분적인 성공을 거두었습니다. 상단[5]이 발달한 백인종이 탄생한 것이지요.

그렇다면 백인종의 시초가 시리우스인들의 영혼이 이식된 인간들이란 말씀인가요?

네, 그렇습니다. 하지만 부분적인 성공이라고 했는데 그 의미를 아시겠는지요? 상단에 치우친 인종이다 보니 마음의 영역을 관장하는 중단[6]은 상대적으로 상단에 비해 덜 중요시 되었습니다. 즉 감정보다는 이성을 중시하고,

합리적인 사고가 지배적이 되었습니다.

합리적인 사고가 좋은 것이 아닌가요?

합리성 못지않게 타인과의 교류와 감성도 중요한 것입니다. 때로는 합리적이지 않고 효율적이지 않은 듯 보여도 타인의 마음을 챙겨줌으로 인해 발생하는 시너지 효과가 합리성보다 더 좋은 결과를 가져올 수 있다는 것을 예로 들 수 있겠지요. 합리성을 지나치게 강조하는 것은 상단 위주의 발달을 가져온 현대 물질문명의 폐해입니다. 감성도 꼭 그만큼 중요한 것이지요.

황인종, 그 중에서도 동이족이 뛰어난 이유는 상단과 중단이 고루 발달한 종족이기 때문입니다. 한국인들이 어울려 놀기 좋아하는 습성도 중단적인 성격에서 기인합니다.

---

5) 6) 단전丹田은 크게 상단上丹, 중단中丹, 하단下丹으로 나뉜다. 상단은 눈에서 뒤통수까지의 중간 지점 약간 뒤에 위치한다. 인간의 생각을 어느 방향으로 보낼 것인지를 결정하며, 지혜智慧를 관장한다. 중단은 양 젖꼭지를 연결한 중간 지점에 위치한다. 마음心을 관장하는 곳으로 중단이 곧 마음이다. 하단은 일반적으로 말하는 단전이며 몸의 정중심(상하, 좌우)에 위치한다. 기운이 쌓이는 기운의 저수지이자 정精을 관장하는 곳이다.

영혼이 이식되었다고 하셨는데, 우주의 스케줄에 의해 태어나는 것과 별개로 시리우스인들의 영혼이 지구상의 특정 지역에 자의적으로 태어나는 것이 가능한가요?

> 에테르화 된 몸을 지녔다는 것은 지구인의 관점에서 본다면 신의 능력을 가졌다고 볼 수도 있지요. 저희는 높은 차원의 존재와도 소통이 가능하므로 부분적으로 스케줄을 조정할 수 있습니다. 상위 차원에 있는 신의 결재 하에 그러한 일들이 가능합니다.

알겠습니다. 이집트 문명이 기원전 35,000년경에 성립되었다면, 이집트 문명을 구축한 시리우스인들은 어떤 분들이었는지요?

> 이집트 문명은 시리우스에서 대단위로 시도한 프로젝트는 아닙니다. 최초로 3명의 시리우스인이 지구상에 문명을 건설하면서 그에 동참하는 인원이 추가된 것으로, 소규모 그룹의 실험적 성격을 가지고 있었습니다.
> 지구인들의 입장에서 본다면 허탈하실 수도 있을 것입니다. 그렇게 거대한 문명이, 시리우스라는 타 별의 주도적 인물도 아닌 소규모 집단에 의해 성립되었다는 사실이

말이지요.

그러나 사고를 확장해 본다면 이해가 되실 것입니다. 수백만 광년을 비행하는 우주인들의 의식 범위는 엄청나지요. 반면에 지구인들은 지구는커녕 한 나라에서도 벗어나지 못하는 경우가 대부분이지요. 해외여행 자율화 이후로 조금 넓어지긴 했습니다만.^^

비유를 하자면 이렇습니다. 개미에게는 반경 100미터의 영역이 그들 세상의 전부라고도 할 수 있습니다. 하지만 인간에 의해 한 삽, 집채로 통째 옮겨줄 수도 있는 것이며 식량과 기온 조건 등 각종 지원을 받아 훨씬 번성할 수도 있는 것입니다. 그들 세상이 전부인 줄 알고 있던 개미들은 나중에 이 사실을 알면 마찬가지로 허탈한 느낌일 것입니다.

지구인들의 모습은 우주의 입장에서 바라본다면 이 개미와 다르지 않습니다. 본래 어디에서 온 존재이건 말이지요. 그래서 의식을 넓혀 지구적 관점에서 우주적 관점으로 바꾸는 것이 제가 래홍님과 대화하는 목적이기도 합니다.

단지 세 분이 와서 이집트 문명을 만들었다니…. 지구로 따진다면 내가 아마존 밀림 구석의 부족민인데, 우리 부족을 융성시켜 신처럼 떠받들어진 외부 존재가 알고 보니 어느 대학의 실습생이더라. 뭐, 그런 것과 비슷한 느낌이 아닐까 하는 생각이 듭니다.

네, 맞습니다. 그래서 넓은 시야를 가질 수 있도록 의식을 끌어올리고자 이렇게 저와 대화하는 것이지요. 부족민의 의식이 넓어져서 대학이 무엇인지 알아야 자신이 처한 위치가 그랬다는 것을 알 수 있는 것처럼, 지구인들은 우주적 사고를 지닌 우주시민이 되어야 자신이 얼마나 우물 안의 개구리였는지, 얼마나 좁고 이기적인 사고를 가지고 살아왔는지 깨닫게 되는 것이지요.

우주적 사고를 지닌 우주시민…. 참으로 와 닿는 말씀입니다.
그러면 시리우스인들이 이집트 지역에 도착하여 문명 구축을 위해 처음 한 일은 무엇인지요?

그들은 먼저 지역 정찰을 시작했습니다. 문명권에 있어 물은 농경과 생활을 영위할 수 있는 필수 불가결한 것이므로 당연히 나일강 유역이 정착 장소로 선정되었습니다. 그 다음 원주민과의 친화작업을 시작했습니다. 친화작업이라고 하지만 그들의 월등한 능력을 보여주어 경배하게 만든 것이지요. 기술을 전수하여 피라미드 등의 구조물을 축조하기 시작하였고 원주민의 몸을 빌어 태어날 수 있는 시스템을 갖추어 나갔습니다.

정치, 경제, 사회, 문화 등의 사회 구조 역시 원주민에게 시리우스의 문물을 전달해준 것인가요?

시리우스 종족의 대를 잇는 왕권에서는 그러한 부분을 공유하되, 사회 구조는 원주민들을 통치하기 쉽도록 그에 맞추어 구축해 나갔습니다. 아직 의식이 깨이지 않은 원주민에게 모든 정보를 줄 수는 없었기 때문이지요. 따라서 이집트 문명의 사회 구조가 시리우스의 사회 구조를 대변한다고 볼 수는 없습니다.

그렇다면 시리우스인들은 지구 원주민들에게 기여하기보다는 본인들의 목적에만 치중한 것일까요? 관련 서적들을 보니 지구의 발전에 상당히 호의적인 분들인 것으로 보이는데요.

그것은 한 나라에 여행을 가서, 처음 만난 현지 사람이 어떤 모습을 보이느냐에 따라 그 나라에 대한 인식이 결정되는 것과 같습니다. 시리우스라고 해서 모두 선하고 훌륭한 사람만 있는 것이 아닙니다. 때로는 본인들의 이익을 추구하는 부류의 사람들도 있는 것입니다. 그것이 큰 흐름에 영향을 미치지 않을 때에는 어느 정도 용인이 되는 것이지요.

이집트 문명은 시리우스의 본류를 대표하는 것이 아닌, 국지적인 소수의 집단이 구축한 것이므로 지구에 기여하기보다는 본인들의 목적에 치중한 부분이 많습니다. 그렇다 하더라도 지배하고 마음대로 휘두른 것은 아니고 본인들의 연구를 진행한 것이며, 그 과정에서 부분적으로는 원주민을 인도하고 의식을 견인시킨 부분도 있습니다.

시리우스의 지도층을 비롯한 전반적인 경향은 지구에 호의적이며 지구의 발전에 동참하고자 하는 것입니다.

피라미드의
비밀

저는 예전부터 이집트하면 파라오의 무덤이라는 등 가설만 분분한 피라미드가 가장 궁금했었습니다. 피라미드의 용도는 무엇이었는지요? 항간엔 우주인과 교신할 때 쓰던 곳이라는 등의 이야기도 있는데 진실은 무엇인가요?

> 피라미드는 시리우스와의 통신을 위해 축조되었습니다. 장거리 통신을 위해서는 강력한 파장을 수신할 수 있는 건축물이 필요하기 때문입니다. 강력한 파장을 수신할 수 있으므로 기운도 잘 받을 수 있지요. 그런 형상을 만들어 음식물을 저장한다면 장기간 저장하는 데도 유용할 것입니다.

피라미드는 그 규모가 매우 커서 건축물을 축조하는 데 많은 노력과 시간이 소요되었을 것으로 생각됩니다. 특히 불가사의한 것은 사막의 한가운데에 세워진 피라미드가 인근에서는 구하기 어려운 엄청난 크기의 바윗덩어리로 만들어졌다는 것입니다.

어떤 것은 약 60km 정도 떨어진 바위산에서 운반한 것도 있습니다. 이동 거리의 절반은 수로를 이용해 뗏목으로 운반했고, 나머지는 우마차로 운반하기도 하였습니다. 재료를 운반하는 데도 많은 세월을 보냈지만, 운반된 바윗덩어리를 쌓아올리는 일 또한 엄청난 노고가 필요했지요. 시리우스의 발전된 문명이 전수되는 상황이었으므로 바위를 쌓아 올리는 데에는 지금의 크레인과 흡사한 장비를 이용하였습니다.

뗏목과 우마차를 어떻게 이용하였는지요? 특별한 운반 장비는 있었나요? UFO 등을 이용하여 운반할 수도 있었을 텐데요?

그렇게 하지는 않았습니다. 당시 이집트인들 스스로 건축을 주도하도록 하였고 그들이 하는 대로 대부분이 맡겨져 있었습니다. 꼭 필요한 부분에만 우주인들이 개입하는 것으로 하고 있었고요.

피라미드의 저부低部에 있는 빈 방은 어떤 용도로 만들어졌나요?

통신이 이루어졌던 곳입니다. 그곳에서는 파장의 증폭이

 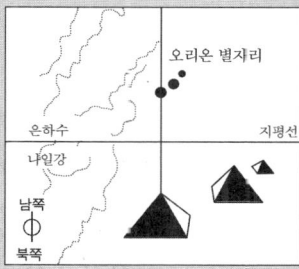

피라미드는 왕묘설, 천문대설, 신전설, 제방설, 해시계설, UFO 기지라는 설까지 그 용도에 대해서 여러 가지 추측이 난무한다. 피라미드의 재료인 많은 석재들을 운반하기 위해서 받침대, 선로, 통나무 굴림대를 이용했을 것으로 추측되지만 명확한 해답을 찾지는 못하고 있으며, 거대한 돌을 높이 쌓는 기술 또한 불가사의 중의 하나로 여겨진다.

한편 기자Giza 지역의 3대 피라미드(쿠푸왕, 카프레왕, 멘카우레왕의 피라미드)는 고대 7대 불가사의 중 유일하게 현존하는 유적인데, 이 세 피라미드는 오리온자리의 세 별과 정확하게 대응되고 있다. 오리온자리의 세 별은 기자의 남쪽 하늘에서 볼 수 있는데, 아래쪽 두 개의 별을 직선으로 연결하면 세 번째 별은 그 선에서 왼쪽 즉 동쪽 방향으로 어긋나 있는 듯이 보인다. 기자의 세 피라미드는 이 배치와 일치하고 있으며, 세 별 중 가장 밝기가 약한 쪽에 대응되는 피라미드도 크기가 가장 작다.

크게 이루어지므로 정확한 파장의 송수신이 가능했던 것이지요.

그토록 많은 수의 피라미드가 만들어진 이유가 있었나요? 한 개면 충분한 것 아닌지요? 그렇게 장시간에 걸쳐 엄청난 공이 들어가는 피라미드를 계속 축조한 이유는 무엇인가요?

처음에는 한 개만 축조되었으나 점점 많은 수의 시리우스인들이 오게 되자 더 많은 피라미드가 필요하게 되었습니다. 나중에 시리우스인들의 왕래가 멈춘 후에는 피라미드 원래의 의미를 상실하게 되었으나 왕권의 위세를 보여주기 위해 계속해서 피라미드가 세워지게 된 것이고요.

피라미드는 그 규모가 엄청나게 커서 작은 산만 한 크기가 대부분입니다. 그렇게 크게 만든 이유는요?

피라미드를 크게 만든 이유는 우선 장엄하게 보이기 위한 것이었습니다. 장엄하고 거대한 규모로 짓는 동안 인간의 노력이 결집되고 정성이 쌓여나가게 됩니다. 정성으로 이루어진 건축물은 그 정성만으로도 하늘에 닿을 수 있는 것이지요. 그 정성과 피라미드 형상이 가진 우수한 성질이 결합하여 통신을 가능케 하는 강력한 수신 장치가 되는 것입니다.

크게 만든 것이 시리우스에서 피라미드의 위치를 확인하는 데도 도움이 되었나요?

큰 도움이 되었습니다. 더 쉽게 확인할 수 있었지요.

우주선 등에 통신 장비가 있다면 그것을 사용하면 될 텐데, 굳이 왜 통신을 위해 피라미드를 지었는지요?

파장은 기운의 움직임으로서, 그 전달 방식에 있어서는 길이에 따라 장파와 단파로 나뉘는데 피라미드는 장파를 이용한 원거리 통신에 적합한 구조물입니다. 우주선의 통신 장비보다 더 원거리 통신을 위해 축조한 구조물이지요.

피라미드의 또 다른 용도로는 어떤 것들이 있는지요?

피라미드를 통해 시리우스의 기운을 전달받을 수 있었으므로 충전을 하기 위한 수련 공간으로도 사용되었습니다. 근래에 피라미드를 명상에 사용하는 분들이 계신 것은 그러한 내용을 일부 파장으로 전달받은 것입니다.

그렇다면 피라미드를 통신과 충전의 목적으로 사용하던 주체는 누구였는지요?

왕의 묘라고 알려져 있으나 그것은 완전히 그릇된 가설로서 추후에 왕들이 본떠서 만들었을 뿐, 본래의 목적은 통신과 충전에 있었기 때문에 그 주체는 시리우스에서 온 우주인들이었습니다. 이들은 항성 간 통신을 위해 피라미드를 축조하였으며, 이를 통해 모국 시리우스와 교신을 하고 필요한 사항을 보고하며 정보를 주고받았습니다. 수신이 주목적이었다고 하는 것은 보고보다는 지시를 받는 경우가 더 많았음을 말하는 것이지요.

그렇다면 피라미드는 시리우스만의 건축 기법인가요? 타 별에서는 다른 양식도 통용되는지요?

기술 자체는 우주에 파장으로 존재하는 것이니 누구 것이라고 할 수 없습니다. 수준이 되는 문명(행성)이라면 사용이 가능합니다. 지구상에 남겨진 다른 문명권에서도 피라미드를 보실 수 있듯이 말입니다.[7] 물질 차원에서 구축할 수 있는 효율적인 통신 수단으로는 피라미드가 가장 좋은 것으로 알려져 있습니다.

이집트 기자 지역의 피라미드는 오리온 좌의 별자리 배치를 따라 지었다고 하던데 그것은 어떤 이유인지요? 혹시 오리온 쪽의 우주인들과 연관이 있는 것은 아니었는지요?

배치 자체는 상징적 의미로서, 그 별자리의 우주인들과 관계가 있었던 것은 아닙니다. 그보다는 피라미드가 향하는 방위가 중요하여, 기운의 집중점이 정확히 시리우스를 향하도록 지어졌습니다. 이집트 문명은 시리우스 의 주인들의 관여 하에 발전되어 왔기 때문입니다.

---

7) 피라미드는 여러 지역에서, 여러 시대에 걸쳐 건조되었다. 즉로 이집트, 수단, 에티오피아, 메소포타미아, 동아시아, 멕시코, 남아메리카, 지중해 연안 지역 등 고대문명권에서 발굴된다.

이집트 역사는
삭제되었다?

토란트님, 앞서 이집트 문명의 시작이 기원전 3만 5천 년경이라 하셨는데, 어째서 현재 학계에서는 그 십분의 일밖에 안 되는 기원전 3천2백 년경으로 추정하는 것일까요?

첫 번째로는 과학자들의 과신입니다. 탄소연대측정법[8]이니 뭐니 하는 지극히 부분적인 과학기술을 가지고 실상을 밝힌다는 것은 엄청난 오류를 가져올 가능성도 함께 지니고 있습니다. 자와 각도기, 천칭 등을 이용하여 입체적인 측정을 해야 전체를 볼 수 있음에도 불구하고, 자 하나만 가지고 실상을 알 수 있다고 생각하는 오류와 같은 것이지요.

과학은 겸손해야 합니다. 우주라는 엄청난 실상 앞에 과학이 밝혀낸 것이라고는 티끌 정도도 되지 않음을 생각

---

8) 탄소화합물 중 탄소의 극히 일부에 포함된 방사성동위원소인 탄소-14(14C)의 조성비를 측정하여 그 만들어진 연대를 추정하는 방사능 연대 측정의 한 방법이다.

한다면 모든 것에 대해 열려 있는 자세와 끊임없는 자기 부정이 있어야 다음 단계로 발전할 수 있는 것입니다.

다음으로는 관련 자료를 의도적으로 없앤 점입니다. 기원전 3천2백 년경이라고 하는 숫자는, 이집트에 관여했던 시리우스인들이 떠나간 이후 남겨진 원주민들이 기록한 역사입니다. 그렇게 본다면 원주민만의 이집트 문명이 기원전 3천2백 년경이라고 하는 것도 아주 틀린 말은 아니라고 볼 수 있겠지요.

시리우스인들이 떠나갔다니요? 3만 년 이상이나 잘 유지해오던 문명을 버리고, 한순간에 관련 자료를 없애고 떠나간 이유가 무엇인가요?

이집트 문명은 실험적 성격이 강한 문명입니다. 3만 년이라는 시간이 지구인의 기준으로는 엄청나게 긴 듯 보이지만 수명이 수천에서 수만 년까지도 가능한 우주인의 입장에서 본다면, 그리고 우주의 시간 개념으로 본다면 그리 길다고 볼 수도 없습니다.

대략 3만 년 정도의 실험으로 내린 결론은, 시리우스 친화적인 문명을 구축했다 하더라도 지구상에 태어나는 것이 진화에 그리 많은 도움이 되지 않는다는 것이었습니다.

인간의 진화란, 망각으로 태어나 본래의 자신을 찾아가는 과정에서 부딪히는 수많은 선택의 기로에 있어 자유의지를 어떻게 활용하느냐에 있습니다. 제아무리 시리우스 친화적인 환경을 구축하여 전생을 찾기 쉬운 조건에 있다 한들, 그것이 진화에 도움이 되는 것은 아닙니다.

비유를 들자면, 수학 과정을 이수하기 위해 학교에 입학했는데, 무턱대고 졸업을 시킨다고 해서 능사가 아닌 것입니다. 교과 과정을 공부하고 여러 시험을 정상적으로 치러 올바른 답을 내놓은 졸업만이 학교에 입학했던 본래의 의미를 찾는 것이지요.

이러한 결론을 도출한 후에, 비유하자면 대학생 실습조는 문명을 철수하고 돌아가기로 결정을 내렸습니다. 자료를 없앤 이유는 아직 의식이 충분히 성숙하지 못한 원주민들이 시리우스의 지식을 활용할 경우 각종 부작용이 발생되는 것을 우려했기 때문입니다. 이 때문에 그렇게 깨끗하게 기존의 역사가 증발한 것이지요. 단지 이집트에 구전되어 오는 신화로만 남겨졌을 따름입니다.

결국 본래의 자신을 찾기까지의 과정이 진화이므로, 인위적으로 찾게 해주는 것은 크게 도움이 못 된다는 것이군요.

그렇습니다. 지구에서의 교과 과정은 망각으로 태어나 수많은 경험과 그에 대한 자유의지의 적용을 통해 자신을 찾아가는 것, 그로 인해 속성速性 진화가 이뤄지는 것이지요.

하버드 대학의 인재가 유능한 이유는 치열한 교과 과정 속에서 스스로 습득한 학습 능력, 생존 능력인 것이지 하버드라는 포장이 아닌 것처럼, 지구에서 수업 중인 지구인들은 현재 부딪히고 있는 모든 문제와, 그를 해결하며 자신을 찾아가는 과정이 자신을 빠르게 진화시키는 과정임을 알아야 합니다. 누가 답을 알려주는 것도, 졸업만을 쉽게 하는 것도 능사가 아닌 것이지요.

알겠습니다. 그럼 저가 이집트 문명을 정리해 보겠습니다.
기원전 35,000년경, 시리우스인 세 분이 이집트에 와서 실험적으로 문명을 구축했습니다. 그 목적은 시리우스와 유사한 환경을 만들어서 지구에 태어난 시리우스의 영혼이 자신을 빨리 찾도록 하는 것이었으나, 인위적으로 자신을 찾도록 만들어 놓은 환경은 진화에는 크게 도움이 되지 않는 것으로 결론을 내리게 되었지요. 그래서 문명을 철수하며 의식이 덜 깨인 원주민들에 의한 악용을 막기 위해 모든 자료를 삭제하고 떠났습니다. 이후 기원전 3,200년경부터의 남겨진 역사는 원주민들에 의한 역사라고 볼 수 있겠고요.

네, 맞습니다.

그렇다면 지구와 시리우스에 대한 이집트 문명의 의의는 어떻게 볼 수 있을까요?

일단 지구의 시각에서 본다면, 찬란한 문명 중 하나라고 하는 이집트 문명이 시리우스 변방의 3인에 의해서 구축되었다고 하는 점이 의미가 깊습니다. 과거에서 현재까지 아무리 발달한 문명을 자랑한다 하더라도, 이것을 우주의 앞선 별의 기술과 지식에 비한다면, 문명인이 바라보는 아마존 부족민의 수준과 다르지 않다는 것이지요.

이 점을 인식한다면 우주 앞에 좀 더 겸손해지지 않을 수 없을 것입니다. 이 겸손이 자신이 살고 있는 지구와, 자신과 동등한 생명체인 동식물, 자연환경으로까지 이어져야 하는 것이지요. 인간만이 우월한 생명체라는 인식이 사라져야 현 문명의 존속 가치가 있으며, 존속이 되도록 도움을 받을 것입니다.

시리우스의 시각에서 바라본다면, 관여한 수많은 별들 중의 하나, 지구에서의 한 문명 정도입니다. '대학생 관리를 좀 더 잘해야 한다…' 정도라고 할까요?

대부분의 문명이 그렇듯이 다음에 말씀드릴 메소포타미아 문명도 이집트 문명과 마찬가지로 실험적 성격입니다만, 좀 더 시리우스 본류의 의사가 많이 반영된 문명입니다. 지도층까지는 아니고 그 아래 단계에서 파견된 문명입니다.

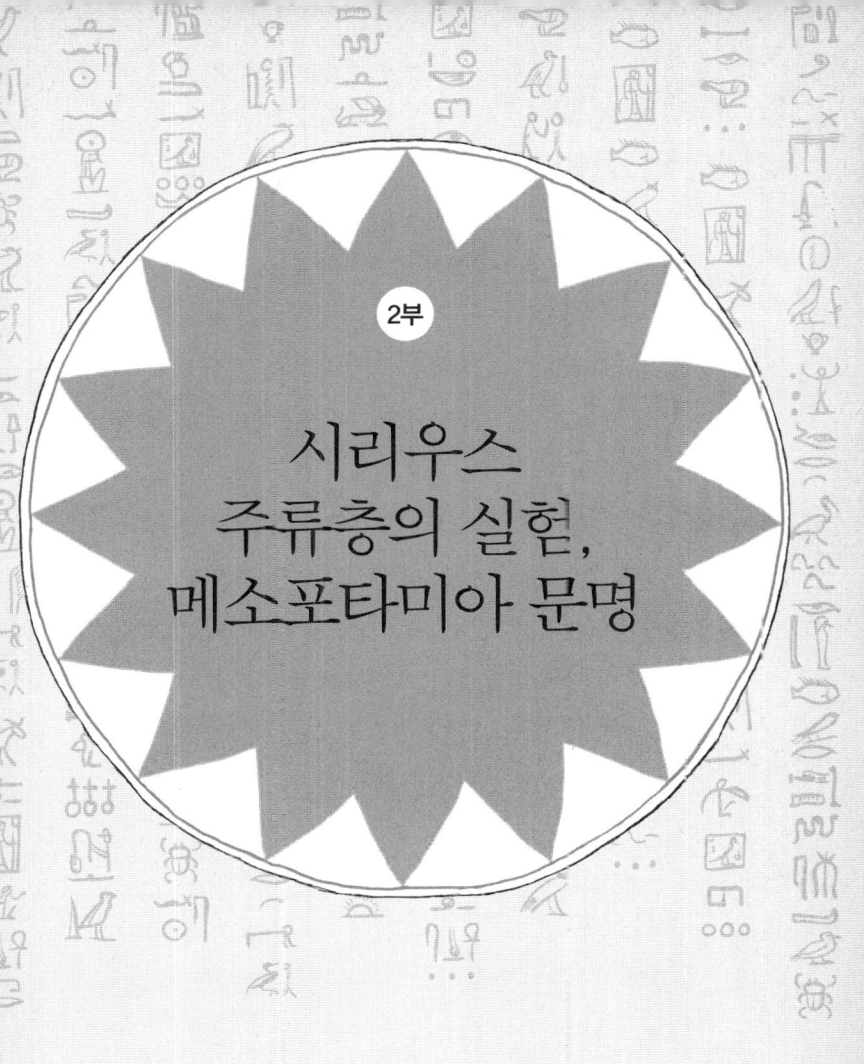

2부

시리우스 주류층의 실험, 메소포타미아 문명

★ ★ ★

이집트-시리우스 문명의 전개 과정에 대해 상당히 긍정적인 검토가 중앙 차원에서 이루어졌고, 대안으로서 다른 문명을 구축해보고자 한 것이 수메르 문명이었습니다. 그 대안이란, 유전 인자가 좀 더 우수한 몸을 사용하되 이집트-시리우스 문명에서의 실패 전철을 반복하지 않는 방법으로 스스로의 성장 고정을 통해 진화하도록 하는 시스템을 구축하는 것이었습니다.

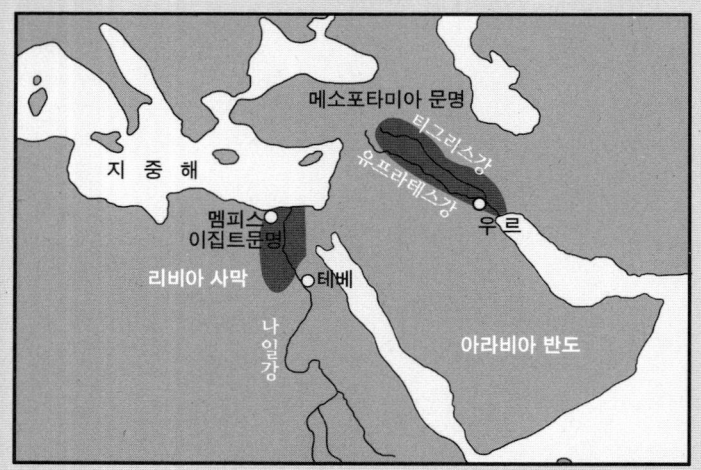

: 메소포타미아 문명 :

메소포타미아 문명은 기원전 6,000년경 티그리스강과 유프라테스강 유역에서 발생한 고대문명이다. '메소포타미아'는 '두 강 사이의 땅'이란 뜻이며, 이 지방은 강의 범람이 불규칙적이고 잦아서 치수와 관개 등 대규모 사업이 필요하였기 때문에 사람들이 모여들게 되었다. 기원전 3,000년경에 수메르인에 의하여 도시 국가가 성립하여 여러 왕조가 흥망하였고, 공통의 문자로서 설형문자가 사용되었다. 제정일치의 체제 아래 관개, 태양·태음력, 점성술, 육십진법, 법전, 통일 도량형 등이 발달하였다.

(위 설명은 메소포타미아 문명에 대한 이해를 돕고자 일반적인 정론을 바탕으로 작성했습니다. 이어지는 대화에서는 기존 정론을 뒤엎는 새로운 사실이 공개됩니다)

동이족과
수메르 문명

메소포타미아 문명에 대한 자료를 찾아보았는데, 주목할 만한 곳은 단연 수메르 문명이더군요. 속된 말로 '냄새가 난다'고나 할까요?^^ 어느 날 갑자기 나타나서 주변에 비해 두드러지게 발달된 문명을 선보이고 어느 날 갑자기 사라졌다고 합니다.

수메르 문명 이전은 메소포타미아 문명의 발달 단계에서 그리 가치가 없으므로 굳이 언급하지 않아도 될 것 같습니다. 수메르 문명은 기원전 4,200년경에, 이집트 문명을 건설한 시리우스인들과는 별개의 시리우스인들이 내려와 구축한 문명입니다.

BC 4,200년경이라고요? 연대 추정에 오차가 10배 가까이 차이난 이집트 문명보다는 상당히 양호하네요. 이것도 학자 분들이 좋아할 것 같진 않겠지만요.

> 제대로 받고 계시니 걱정하지 않으셔도 됩니다. 명백한 연대의 기록이 남겨져 있지 않는 한, 1~2천 년의 오차는 현대 과학기술로는 상당히 근접하게 추정한 것으로 간주해도 될 것입니다.

그렇다면 메소포타미아 문명은 이집트 문명 이후라고 보아야겠군요? 실질적인 문명의 주체인 시리우스인들을 보자면요. 첫 만남에서 메소포타미아 문명이 BC 6,000년경으로 이집트보다 앞섰다고 하신 것은 기존 역사의 관점으로 말씀하신 것인지요?

> 그렇습니다. 래홍님과의 본격적인 대화가 시작되기 전이므로 지구 사학의 관점에서 말씀을 드렸지요. 이집트 문명이 시기적으로 훨씬 앞서 있으며, 수메르 문명은 이집트-시리우스 문명(시리우스가 관여한 이집트 문명)의 마무리

무렵에 성립되었습니다.

수메르 문명은 영국학자 크래머 등의 발굴에 의하여 '머리가 검은Black Headed People 동아시아인들'이 문명을 가지고 들어와 세웠다는 주장이 있습니다. 또한 수메르 언어가 교착어('~가', '~를' 등 조사를 사용하는 언어)를 사용하는 점이나 단어의 유사점에서 고대 환국桓國의 수밀이국須密爾國에서 유래된 것이라는 의견이 있는데, 이 점은 어떤지요?

고고학이 인류의 역사를 정립하는 데 도움을 준 것은 사실이나, 많은 부분을 장님 코끼리 만지기식으로 짜 맞출 수밖에 없는 이유는 과학기술이 그러한 과거를 밝혀내는 데 있어 충분히 발달하지 못하기 때문입니다. 또한 사람의 편향성이란, 한 번 그렇다고 믿기 시작하면 어떻게든 가져다 맞추기 마련입니다. 말씀하신 정도의 공통점이라면 전혀 다른 문명과 공통점을 찾으려 해도 찾을 수 있을 것입니다.

그렇다면 수메르 문명을 가지고 왔다는 '검은 머리'의 인종은 어떻게 출현한 것인지요?

그 이전에 이집트 문명과의 연관에서부터 출발하는 것이 좋겠습니다. 앞서 말씀드린 바와 같이 이집트-시리우스 문명은 시리우스인들의 지구인 육체를 통한 진화에 그다지 기여가 되지 않는다는 결론이 내려졌습니다. 3명의 소규모 그룹이 처음에 구축을 했다고는 하나 지속적으로 이집트 문명을 통해 환생하는 시리우스인들이 있어 시리우스에서도 상당 부분 그 정보가 공유되었습니다. 그래서 이집트-시리우스 문명의 전개 과정에 대해 상당히 긍정적인 검토가 중앙 차원에서 이루어졌고, 대안으로서 다른 문명을 구축해보고자 한 것이 수메르 문명이었습니다.

그 대안이란, 유전 인자가 좀 더 우수한 몸을 사용하되 이집트-시리우스 문명에서의 실패 전철을 반복하지 않는 방법으로, 스스로의 성장 과정을 통해 진화하도록 하는 시스템을 구축하는 것이었습니다. 그 우수한 유전 인자의 선별이 동이족에서 일부 이루어졌으므로 유사성이 발견되는 것입니다.

그러고 보니 앞의 대화에서 이집트 문명의 인류는 상단 쪽에 치우치게 개량되었고, 동이족은 상단과 중단이 고루 발달한 우수한 인종이라고 수메르를 세운 민족에 대해서는 여러 가지 학설이 있지만, 고고학적 발굴을 통해 메소포타미아의 원주민이 아닌 동방에서 온 이주민으로 추정하고 있다. 수메르인들은 자신들을 "검은 머리의 사람들"이라고 불렀으며, 자신들이 사는 땅을 수메르라고 불렀다고 한다. 하지만 이 '수메르'라는 말이 원래 무슨 뜻이었는지는 아직 알려진 바 없다.
수메르인들이 검은 머리카락을 지니고 있었고 '은, 는, 이, 가'처럼 토씨를 사용하는 교착어를 사용했으며 모음조화 현상과 어순 등 동일한 문법 체계를 지녔다는 점에서 그들을 우리 한민족과 연관시키는 주장도 있다. 환단고기桓檀古記라는 우리나라의 고대 역사서에 따르면 고조선 이전에 한민족이 세운 환국桓國은 12연방국으로 구성되어 있었는데, 그 중의 하나인 수밀이국이 바로 메소포타미아에 있었던 수메르국을 건설했다는 것이다.

하셨죠. 이제 좀 연결이 되네요. 그런데 유전 인자의 선별이란 어떤 의미인지요? 수메르인의 몸은 어디에서 온 것인지요?

> 선별된 동이족의 몸에 시리우스인의 영혼이 이식되는 방식을 최초의 프로토타입prototype[9]으로 하여, 그 다음은

---

9) 기초가 되는 표준 형태르 양산量産에 앞서 제작해 보는 원형原型

종족 번식의 방법으로 발전시켰습니다. 어느 TV 프로그램의 내용처럼 정말 검은 머리의 발전된 종족이 '어느 날 갑자기' 나타난 것이지요.

그렇다면 동이족의 몸은 납치의 방법으로 이루어진 것인지요?

그렇지는 않습니다. 좋은 의도를 가지고 접근하는 과정에서 그러한 강압적인 방법을 사용할 수는 없지요. 본인들의 의사를 타진하여, 몸을 벗고 영의 차원에서 진화하길 바라는 사람들에게 몸을 빌리는 형식으로 진행되었습니다.

종족 번식을 위해서는 적어도 12쌍 이상은 있어야 한다고 들었는데, 24명 이상의 몸을 다 구할 수 있었나요?

그렇습니다. 지금 현대인의 의식에서 생각한다면 몸을 빌려줄 사람들이 그렇게 많겠냐고 다소 공포스럽게 생각할 수도 있겠지만, 당시 사람들의 삶과 죽음에 대한 관념은 지금보다 훨씬 수준이 높고 자유로웠습니다.

당시 진화된 영혼을 가진 사람 중에는 시리우스인들과 동등한 수준에서 대화가 가능한 사람들도 있었으며, 이들은 자신들의 선택에 의해 이 방식으로 시리우스인들에게 봉사하고 다른 차원으로 떠났던 것입니다.

물질문명에 찌든 현대인들은 죽음을 엄청나게 두려워하지만, 고대인들은 의식이 훨씬 앞서 있었습니다. 순장 등의 전통을 순순히 따른 것을 보아도 알 수 있지요. 순장은 결코 억지로 끌려 들어가서 원치 않는 죽음을 당한 것이 아니며 당사자들도 영광된 마음으로, 그리고 자신을 바치는 순수한 마음으로 기꺼이 그 과정을 택한 것입니다.

네. 지금으로서는 상상이 잘 안 갑니다.^^

의식은 계속해서 무한히 넓어져야 합니다. 지구의 한 구석에서만 머물던 의식이 지구 전체를 바라볼 수 있어야 하고, 더 확장되어 지구를 하나의 행성으로 볼 수 있을 정도의 우주의식이 되어야 비로소 우주시민이라 할 수 있습니다. 이것은 물리적 확장이라 볼 수 있지요.

정신적 확장은 삶과 죽음이 결코 별개의 것이 아니며, 한 영혼을 진화시키는 연장선상에서 주기적으로 반복되고 있음을 아는 것입니다. 먼 과거에서부터 미래까지 이어지는 자신의 모습을 꿰뚫어 보는 것이지요.

알겠습니다. 그러면 동이족을 통한 수메르 문명은 의도했던 대로 소기의 성과를 거두며 발전했나요?

상당 부분 효과를 거두었습니다. 동이족의 유전인자는 영성靈性 개발에 적합하여 많은 수의 수메르인들이 나름 결실을 보았습니다. 여기서 나름이라고 한 것은, 그럼에도 불구하고 기대했던 만큼은 아니었다는 것입니다.

수메르 문명은 그 자체가 편안하고 고난이 없었습니다. 워낙 발달된 기술력과 문화를 꽃피우고 향유하였지만, 인간의 진화는 번뇌에 있는 것이지 그냥 몸을 타고 나온다고 해서 저절로 진화하는 것이 아니었지요.

편안하고 편리한 문명 속에서는 영성을 진화시킬 수 있는 요인이 부족했습니다. 이로 인해 지엽적인 결실만을 거두고 수메르 문명도 사라지게 된 것입니다. 이것은 동이족이 현대의 한국사에 있어서 상당한 고난을 겪은 부분과 관련 됐기도 합니다.

동이족이 한국사에서 고난을 겪은 이유가 이것과 무슨 관련이 있는지요?

동이족은 대우 우수한 형질을 지니고 있습니다. 이 우수한 영성 인자를 극대치로 발현시키기 위해서는 오랜 역사에 걸친 고난을 극복하여 넘기는 과정을 통해 DNA에 많은 자료를 축적시킬 필요가 있었습니다. 그를 위한 프로그램이 수난의 한국역사라 볼 수 있었지요.[10]

한국의 역사에 그런 의미가 숨어 있었군요. 수메르 문명은 중앙 차원의 실험이었다고 하셨는데, 그렇다면 이집트 문명에 비해 차별화된 것이 있었는지요?

크게 다른 부분은 없지만, 좀 더 공식적인 루트를 통해 이루어졌다고나 할까요? 공문을 띄우는 것과 같은 방식으

---

10) 자세한 내용은 『동이족의 숨겨진 역사와 지구 차원 상승』(근간) 참조

로 진행되었으므로 동이족의 몸을 활용하는 데 있어서도 더 쉽게 진행되었다고 보시면 됩니다.

시리우스인은 지구인보다 진화된 인종인데, '고난을 통해 진화한다'는 지혜를 전수해 줄 영적인 지도자 같은 분들은 없으셨나요? 그토록 어렵게 문명을 구축하고, 건물을 짓고, 유전 실험 등등을 해서 결국 '편한 팔자는 진화하기 어렵다'는 한 문장의 결론을 얻었다는 사실이 이해가 되지 않습니다.

그러면 쉽게, 지구인들이 하는 행동과 비교해 보도록 하지요. 지구인들도 지식으로는 잘 알고 있습니다. '사랑으로 모두 하나가 될 수 있다', '건물을 지을 때는 혼魂을 불어 넣어야 오래 유지가 된다' 같은 것들이요.

하지만 실제 생활에 있어 단번에 그렇게 하는 분들은 거의 없을 것입니다. 알고 있는 사실을 적용하는 데에서 실패를 거듭하며 체득하는 것과 마찬가지로, 시리우스 역시 지구 문명 구축 실패기를 통해 그러한 진리를 습득하는 과정을 거친 것이라고 보면 이해가 되시나요?

꼼짝할 수 없는 말씀이네요. 정확하십니다.

뭘요. 시리우스인이나 진화한 지구인이나 다 마찬가지입니다. 지구에서 의식이 깨인 분들 중에는 시리우스의 수준을 훨씬 넘어선 분들도 많이 있지요. 지금으로서는 저희의 차원에 대해 아시는 바가 없으므로 상상이 가지 않으실 것이나 차원의 도약이 이루어진 후에는 그런 분들과의 수준 차이가 확연히 드러나게 될 것입니다. 순식간에 시리우스 차원 이상의 의식을 보여주는 분들이 되는 것이지요.

그렇게 되길 기대합니다.

수메르 미의 여신 이난나

수메르의 미의 여신 중에 '이난나(바빌론에서는 이쉬타르라고 함)'라는 분이 계시지요. 발굴된 이쉬타르 여신상이 상당히 특이하다고 합니다. 헬멧과 같은 것을 쓰고 있고 두 귀에는 이어폰 같은 것을 대고 있으며, 상의의 X자형 벨트가 등 뒤의 곤봉 같은 것과 연결되어 있다고 합니다. 헬멧 뒤에는 이상한 상자가 붙어 있고요. 이것이 우주복이라고 추측하는 학설이 있는데, 왜 이런 형상을 하고 있는지요? 이난나라는 분은 어떤 분이셨는지요?

이난나는 프로토타입 중 한명으로 최초 문명 성립기에 주도적인 역할을 한 여성입니다. 상당히 적극적이고 진취적이며 활동적이었지요. 수메르인들이 '메'라고 표현한 것은 개인 비행장비가 맞습니다. 현대의 우주복처럼 활동하기에 불편한 것이 아니므로 그녀가 평상시에도 착용하고 다녀 그런 모습으로 묘사된 것이지요. 등 뒤의 곤봉과 같은 것은 반중력 장치로 상하와 수평이동을 가능케 하는 장비입니다. 헬멧 뒤의 상자는 에너지 공급 장치입니다. 전원장치라고 보시면 되지요.

그렇군요. 그들이 초기에 초과학적인 문명을 가졌기에 신으로 받아들여졌을 거라는 사실은 추측 가능하긴 합니다. 그런데 수메르 신화를 수메르인들이 썼다면 다들 아는 사이에 서로를 신으로 묘사했을까요? 신화를 남긴 주체는 누구인지요?

이난나Inanna는 수메르의 여신으로 미美, 다산, 전쟁의 여신이자 금성을 관장하는 신이다. 이난나는 하늘과 땅을 가로질러 날아 다녔다고 전해지며 그때 '메Me'라고 부르는, 여러 가지 보석과 벨트로 된 장신구를 몸에 걸치고 여행했다고 한다. 20세기 초 이쉬타르 사원의 유적에서 가슴과 등에 벨트 같은 기묘한 장신구를 걸친 여신상이 발굴되었는데, 이 장신구는 이난나 이야기에 나오는 '메'를 형상화한 것이라 해석되고 있다. 학자들은 이 '메'를 지구와 외계를 비행할 때 착용하는 우주복과 같은 것이라고 추측하고 있다.

신화는 크게 두 가지로 형성됩니다. 첫 번째는 우주인 등 발달된 문명을 가진 존재가 피지배층을 통치하는 과정에서, 피지배층 사이에 그들을 숭배하는 사상이 구전되고 부풀려지면서 형성이 되는 경우로 이집트의 신화가 그런 형태입니다. 두 번째는 지배를 위해 의도적으로 신격화시켜 피지배층에 전파하는 경우로, 북한의 김일성 정권과 같은 경우이지요.

수메르 문명의 경우 모든 수메르인들이 시리우스 혈통이었던 것은 아닙니다. 이집트와 마찬가지로 지배층에 상당 부분 한정되었으며, 피지배층은 주변의 부족을 통합하여 성립된 것입니다. 그래서 수메르 신화는 피지배층에서 발생한 것이라고 보시면 됩니다.

반중력 장치 같은 것이 있다면 정말 사뿐히 날아다녔을 테니 여신처럼 보였겠군요. 그런 장치들을 활용한 비행은 주로 어떤 목적에 쓰였는지요?

어떤 목적에도 쓰일 수 있었습니다. 근거리 이동에도 사용할 수 있었으며, 원거리에도 원한다면 활용 가능했습니다. 이난나의 경우 대부분 이 장비를 활용했기에 상시 착용하고 있었던 것입니다. 당시 장비는 최고 속도 약 $280Km/h$ 까지 나오는 수준이었습니다. 헬멧이 필요하지 않을 리 없지요. 그 속도로 나는데 눈에 뭐가 들어가면 안 되잖아요?

다음은 지구라트에 대한 질문입니다. 지구라트 자체가 신전을 올리기 위한 높은 기단으로서 범람에 대비하기 위한 것이기도 하고, 신전의 위엄을 드러내기 위한 것이라고도 합니다. 혹시 피라미드와 같은 목적은 없었는지요?

말씀하신 것은 맞는 학설입니다. 하지만 생각하시는 것처럼 피라미드와 같은 기능은 있지 않습니다. 지구라트는 신전의 의미를 최대한 강조하기 위해, 장엄함을 강조한 구조물로 다른 의미가 있는 것은 아닙니다.

성경에 나오는 바벨탑의 기원이 지구라트라는 학설이 있는데, 그것도 사실이라고 볼 수는 없습니다. 바벨탑이 바빌로니아에서 제작된 것은 맞으나, 그것은 지구라트와 같은 것은 아니었으며 말 그대로 탑이라고 보시면 됩니다. 지구라트라면 신전인데 신이 신전에 벌을 내릴 리가 없지요. 바벨탑은 당시의 집권 세력이 권세를 과시하기 위해 만든 구조물로서, 구조상의 문제로 붕괴되었으며 그 실수를 무마하기 위해 이야기를 가져다 붙인 것입니다.

지구라트는 메소포타미아의 각지에서 발견되는 성탑聖塔으로 하늘에 있는 신들과 지상을 연결시키기 위한 일종의 신전이다. 구약성서에 나온 '바벨탑'이 바빌론의 지구라트를 가리킨 것이라 추정되고 있는데, 바벨탑은 고대 바빌로니아 사람들이 건설했다고 전해지는 전설상의 탑이다. 대홍수가 휩쓸고 지나간 후 노아의 후손들은 자신들의 이름을 떨치고 신을 불신하는 상징으로 바벨탑을 세웠는데, 이 교만의 대가로 신이 하늘에서 내려와 사람들의 언어를 여러 갈래로 나누었고 탑은 끝내 완성되지 못했다고 한다.

대홍수와
문명의 소멸

수메르인들은 상형문자의 일종인 쐐기 모양의 설형문자를 사용했다고 하는데, 이 문자는 어떻게 발생한 것인가요?

> 언어는 그 시대와 상황에 맞게 발생하여 활용이 되는 것으로 이집트의 신성문자는 시리우스에서 당시 백성들의 수준에 맞게 활용이 가능하도록 간단히 고안하여 사용되던 것입니다. 발달한 문명에서 간단한 부호체계를 고안하는 것은 그리 어려운 일이 아니지요. 수메르의 설형문자 역시 당시 사람들에게 맞게 고안된 것입니다.

이집트의 신성문자가 좀 더 그림에 가까워 보이던데, 어떤 차이에서 다르게 고안된 것일까요? 이집트인들이 만화를 더 좋아한 것은 아닐 테고요.

> 말씀드렸다시피 당시 사람들의 성향에 따르는 것으로서 신성문자는 상단 위주의 글자라고 할 수 있습니다. 설형문자는 음독을 해야 하는 필요성으로 인하여 상단과 중단을 고루 자극하는 문자라고 할 수 있겠지요.

네. 수메르에서 전래된 '길가메시 서사시'에는 성경에서도 언급된 대홍수의 기록이 있다고 합니다. 그 밖에 다른 문명권의 신화에서도 대홍수의 기록이 있다고 하는데, 이것은 공통된 사실을 기록한 것인지요?

신화라는 것이 전부 만들어진 허구의 이야기가 아니라, 기존에 있었던 특정 사실이 부풀려지고 각색되어서 만들어진 것임을 생각하면 되겠습니다. 역사학자들의 기본적인 접근 방법이기도 하지요. 대홍수는 기원전 6,000년경에 있었던 고대문명권 간의 충돌로 발생한 기상이변으로 인해 발생한 것이 맞습니다. 자세한 내용은 다른 서적에서 다루고 있으니 간단히 말씀드리겠습니다.

지역에 따라 홍수의 영향이 크고 작게 나타났으나, 특히 크게 영향을 미친 곳은 이집트, 시리아, 메소포타미아, 인도를 포함하는 반경이었습니다. 이 홍수로 인해 기존 문명권이 궤멸되다시피 하였으며, 겨우 살아남은 인류는 기존의 기록과 문명을 상실하고 원주민의 수준으로 떨어지게 되었지요. 상상이 잘 가시지 않겠지만, 지금 도심에 살고 있는 한 무리가 단지 먹을 것과 텐트만 가지고 황무지로 간다고 생각해보시면 될 것입니다. 한 세대만 지나도 기존에 누렸던 모든 문명을 처음부터 다시 시작하게 될 것입니다.

- 신성문자는 고대 이집트의 상형문자로, 원래 그 문자가 표시하는 대상물을 의미하는 표의문자였으나 점차 다양하고 추상적인 개념까지 표현 가능한 정도로 발전했다. 수메르의 설형문자는 이집트 신성문자와 마찬가지로 그림문자에서 생긴 것으로, 음가를 부여한 상형문자로 발전한 후 그림이 생략되면서 직선과 쐐기만으로 이루어진 모양이 되었다.
  두 문자는 모두 상형문자라는 점에서 공통점을 가지고 있다. 하지만 설형문자가 기하학적이고 추상적인 문자체계라면 신성문자는 아름다운 그림으로 이루어진 예술적인 문자체계라는 점에서 차이가 있다.

- 길가메시 서사시는 고대 메소포타미아의 수메르 남부의 도시 국가 우루크Uruk의 전설적인 왕 길가메시에 대한 이야기이다. 여기에는 우트나피슈팀(바빌로니아의 노아)과의 만남과 그가 말하는 대홍수 이야기 등이 기술되어 있는데, 대홍수 이야기는 성경뿐 아니라 이집트의 경전, 인도 산스크리트의 고어, 중국 및 아즈텍이나 잉카 등의 고대문명에서 전해 내려오는 신화나 기록 등에 빠짐없이 언급되고 있다. 그래서 실제 선사시대에 전 세계적으로 발생한 홍수가 신화의 형태로 전해진 것이라 추측되기도 한다.

대홍수가 기원전 6,000년경이라고 하셨는데, 그 시기는 이집트-시리우스 문명이 철수하기 약 2,800년 전일 것입니다. 이집트 지역 역시 홍수로 문명이 궤멸되었다고 하셨는데 이후에도 유지된 이집트 문명은 어떻게 해석해야 할까요?

연대순으로 다시 정리를 해드리자면, 기원전 35,000년경 이집트-시리우스 문명이 시작되었습니다. 기원전 6,000년경에 대홍수가 발생하였으며, 그로 인해 이집트-시리우스 문명은 상당 부분 소실되었지요. 굳이 재건이라기보다는 이 시기를 계기로 하여 이집트-시리우스 문명의 정리가 시작되었다고 보시면 됩니다. 그리고 기원전 4,200년경에 수메르 문명이 새 출발을 하게 되었습니다.

고작해야 백 년의 수명을 가진 인간의 시야로 바라볼 때 그들이 누려온 문명이 엄청나게 오랜 세월을 이어져 왔으며, 그 연속선상에서 앞으로도 계속 지속될 것처럼 느껴지겠으나, 그것은 착시효과에 불과합니다. 문명은 그것을 누리는 주체가 긍정적인 방향으로 잘 보존하고 가꾸어가는 노력과 의지를 갖지 않는 이상, 언제라도 한순간에 소멸될 수 있는 것입니다. 기존에 무수히 나타났다가

사라져간 문명들이 그러한 사례를 보여주고 있지요.

현대 상식으로 추정이 가능한 피크오일[11]과 지구 온난화, 더 나아가서 예언에 기록된 각종 재앙들은 지금 지구가 누리고 있는 물질문명을 한순간에 소멸시킬 수 있습니다. 고대문명을 공부하는 이유가 바로 과거의 사례에서 교훈을 얻어 동일한 전철을 밟지 않도록 하기 위함이지요.

시야가 넓어지는 느낌입니다. 저처럼 세상에 관심이 적은 사람들을 우주적 시각으로 바라본다면 개미와 같이 보일 것 같아요. 자신의 둘레에만 시야가 한정되어 있었으니까요.

여행을 통해 사고반경과 행동반경을 넓히는 것도 진화라고 하는 말이 이해되시지요? 의식의 수준이라는 것은 곧, 그것이 인지하고 영향을 미칠 수 있는 범위에 다름 아닐 것입니다. 공간적 범위를 자신고, 자신의 또 다른 영역인 가족에서 벗어나 타인, 인류로 넓히고 우주로까-

---

11) 석유 생산이 정점에 이르는 시기로 석유 생산량이 기하급수적으로 확대되었다가 특정 정점을 지나고 나서는 급격히 줄어드는 현상이 나타난다.

지 확대할 수 있으며, 시간적으로도 지구뿐 아니라 우주의 먼 미래까지 내다보고 준비할 수 있다면 그것이 바로 진화된 우주시민이라고 할 수 있겠지요. 지금은 서울시민이라고 하기조차도 어려울 정도로 관심의 영역이 좁지만요.^^

고통, 진화를 위한 가르침

수메르 문명은 기원전 2,000년경에 마무리되었다고 하는데 갑자기 사라졌다는 설도 있고, 아카드 왕조에 흡수되었다는 설도 있습니다. 그렇게 발달된 문명이 어떻게 다른 종족에게 쉽게 흡수될 수 있을까요?

> 문명의 변천 과정을 보면, 대부분 융성했던 때는 최초 우주인들의 관여 하에 문명이 전수되고 유지되던 시기까지입니다. 이 시기에는 의식이 발달한 지배층(우주인)들의 강력한 통치하에 전개되므로 오히려 영역을 확장하는 시기가 되지요. 이후 그러한 세력이 원주민들에게 권한을 물려주고 떠나면서 서서히 쇠퇴기가 찾아오게 됩니다.

내부의 권력 투쟁과 한정된 수준으로는 원만한 통치가 불가능하여 분열을 가져오고, 주변국의 수준으로 떨어지게 되면서 침입을 당하게 되는 것이지요. 수메르 문명도 동일한 전철을 밟았습니다. 그것이 기원전 2,000년경으로서 시리우스의 지배층이 관여를 멈춘 시기입니다. 수메르 문명 역시 시리우스인들의 진화에 크게 도움이 되지 않는다는 결론 하에 철수를 한 시기이지요.

> 수메르의 도시 국가들은 말기가 되면서 농경지·교역로의 확보를 둘러싸고 서로 항쟁을 하다가 BC 2,300년경 셈계 아카드인 사르곤 왕에 의해 멸망되었다. 아카드인은 설형문자를 제국 내에 보급시키는 등 수메르 문명을 적극적으로 받아들였다. 180년간의 사르곤 왕조 등안 수메르인과 아카드인 두 종족이 융합하여 수메르 문명은 점차 셈화(化)하였다. 그 후 수메르는 다시 번영하여 우르 제 3왕조를 일으켰으나 5대만에 동방의 엘람에게 멸망되었다.

시리우스 덕분에 문명의 도움을 받긴 했지만, 남겨진 지구인들로서는 좀 허탈한 느낌이겠는걸요. 바람처럼 왔다가 바람처럼 떠나는… 무슨 유행가처럼요.

그렇게 생각하실 수도 있겠으나 조금만 의식을 넓혀본다면 다르게 느껴지실 것입니다. 그것은 피해의식에서 출발하는 시각이고요, 철저히 객관적인 시각에서 본다면 서로에게 도움을 준 윈윈 게임인 것이지요. 어느 날 연인이 떠나듯 갑자기 떠났다면 서운하겠으나 당시 원주민들이 인지할 수 있는 영역에서 휙 철수한 것은 아닙니다. 지구로의 환생을 멈추는 정도로 가능한 것이지요.

그렇군요. 말로는 토란트님에게 상대가 되지 않을 것 같습니다. 지구에 인간으로 내려오시기 전까지는요. 아시다시피 인간의 몸은 매우 무겁고 사고는 한정되어 있습니다.

저도 인간으로 태어난 경험이 있기 때문에 다 알지요.^^ 래홍님보다 훨씬 고전했으므로 자랑할 바는 아닙니다.

그렇군요. 전생을 여쭤보고 싶으나 사설이 길어질 것 같아 그냥 넘어가야겠습니다. 이집트 문명은 본래의 자신을 자동적으로 쉽게 찾을 수 있도록 만든 시스템이었다면, 수메르 문명은 동이족의 우수한 유전인자를 통해 스스로 자신을 찾는 과정에서 진화하도록 한 시스템이라고 하셨지요. 그 과정을 구체적으로 말씀해 주신다면 어떤 것일까요?

네, 꼭 필요한 부분을 짚으셨습니다. 그것은 대부분 교육을 통해 이루어졌습니다. 선진 교육 시스템을 통해, 인간으로 태어난 목적과 자신이 나아가야 할 방향을 스스로 찾을 수 있도록 교육했습니다. 교육 방법 면에 있어서는 훌륭하다고 할 수 있었으나, 사회 전반의 분위기가 어떠한 자극도 없이 흘러가는 평화로운 상황이었으므로 그 이상의 진화 동기는 부족했습니다.

지구가 가진 수련별로서의 역할을 본다면, 열심히 해브려고 군대에 왔는데 특수 훈련을 받기보다는 아주 한가로운 보직을 받아 제대를 해서 군대에 다녀온 의미가 없는 것과 같지요.

그렇군요. 그러면 제가 수메르 문명을 정리해 보겠습니다.
이집트 문명의 시행착오에 대한 재시도로서 수메르 문명이 성립되었고, 이 문명의 주요 실험은 동이족의 발달된 유전인자를 활용하여 몸을 받아 나오는 것이었습니다. 본래의 자신을 알려주기보다는, 자신을 스스로 찾도록 하는 교육 시스템으로 일부 성과가 있었으나 특별한 자극이 없는 편안한 환경은 그다지 진화의 동기를 부여하지 못하는 측면이 있는 것으로 결론지어졌습니다. 더 추가할 부분이 있을까요?

이 정도면 필요한 것은 다 짚었다고 할 수 있습니다. 수메르 문명의 의의를 보자면, 결국 진화, 영성 개발의 동인動因인 고통, 권태, 만남[12]의 세 가지 중에서 고통이 상당 부분을 차지하고 있음을 보여주는 것이기도 합니다.

삶이 곧 고해라는 말은 반대로 뒤집어보면 삶은 곧 바다처럼 무한대로 진화의 동인을 제공하는 것이라 할 수 있습니다. 자신에게 다가오는 고통을 단지 고통으로 받아들여 피하고 외면하려 하는지, 아니면 자신을 진화시킬 절호의 가르침으로 받아들여 그 안에서 깨달음을 발견하는지의 차이입니다.

모든 정신적, 육체적 고통에는 우주가 자신에게 주고자 하는 가르침이 있게 마련입니다. 그러한 고통을 자신의 영혼에 진리로 하나하나 새겨 넣을 수 있다면 그것을 깨달음이라 하는 것이지요. 때문에 고통, 번뇌가 없는 깨달음은 있을 수 없습니다. 번뇌를 진화에 필요한 양식이라고 본다면, 지구는 그 자체로 식량 창고라 할 수 있지요.

---

[12] 자세한 내용은 『살아지는 인생 vs. 사는 인생』 p.84 참조.

여러분들은 자신의 영혼을 살찌울 무한대의 양식에 둘러싸여 계신 것입니다. 어떤 시각으로 보느냐에 따라서요.

멋진데요! 그런데 한 가지 궁금한 점이 있습니다. 명상 서적에 나오는 이야기를 어떻게 그렇게 잘 아세요?

저희야 다 들 수 있지요. 차원이 높은 곳에 존재한다는 것을 래홍님이 상상하시기는 어려울 것입니다. 저희는 높은 차원의 존재들이므로 지구인의 지식과 문화, 생각 등을 실시간으로 검색해 알아낼 수 있지요. 우주의 모든 것은 파장으로 연결되어 있으므로 파장을 이용하면 모든 것을 알 수 있습니다.

검색하면 다 아실 수 있다니 부럽네요. 그럼 다시 하던 이야기로 돌아가서, 이집트 문명 편에서는 우주의 앞선 문명에 더한 인식을 통해 우주, 지구, 자연, 그리고 자신과 동등한 생명체인 동식물에게의 겸손을 말씀하셨고, 수메르 문명 편에서는 영성 개발의 동인인 고통의 중요성에 대해서 말씀해 주셨네요.

접근하는 방식은 여러 가지가 있을 수 있습니다. 역사에 대해서 사학자마다 견해가 다를 수 있는 것처럼, 각 문명의 의의는 어떤 관점에서 보느냐에 따라 다를 수 있지요. 이것은 제가 제시해드리는 관점입니다.

네, 알겠습니다. 토란트님 덕분에 많이 배웠습니다.

네. 저도 래홍님과 대화하여 즐거웠습니다.

3부

지구 곳곳에 남겨진 우주인들의 건축물

★ ★ ★

고대문명들이 미스터리 건축 구조물들을 남겼던 이유 중 하나는 후손들이 자만에 빠지지 않게 하기 위해서였습니다. 물질문명이 아무리 발달했어도 고대 건축기술을 흉내 내지 못한다는 것을 알려주기 위해서였죠. 거기에는 인간의 힘이 아닌 다른 차원의 힘을 가진 존재들이 있다는 것을 건축물들을 통해 암시해 주려는 뜻도 있었습니다.

다른 차원으로 통하는 문, 스톤헨지

토란트님, 문명뿐 아니라 건축물 중에서도 우주인이 남긴 것들이 많이 있을 것 같은데요. 어떤 것들이 있을까요?

> 네, 물론 많이 있습니다. 세계 7대 불가사의는 대부분 우주인들이 관여했습니다. 그 중에서 먼저 영국의 거석 구조물인 스톤헨지에 대해 이야기를 나누어보면 어떨까요?

네, 좋아요. 스톤헨지는 어떤 용도로 만들어진 건축물인지요?

지구 인류의 역사는 여러분들이 알고 있는 것보다 훨씬 오래되었습니다. 현 인류의 인식 범위를 벗어날 만큼의 긴 세월에 걸쳐 다양한 우주인들의 개입과 실험, 충돌이 있었고 흥망성쇠를 거듭하는 동안 사라지고 다시 생겨나기를 반복하면서 지금의 지구 모습으로 남겨지게 된 것이지요. 스톤헨지는 몇 남지 않은 오래전 고대 인류의 흔적 가운데 하나로, 다른 차원으로 통하는 문으로 만들어진 것입니다.

일종의 스타게이트 같은 것이란 말씀인가요?

네, 그렇습니다. 스톤헨지 내內의 돌 구조물 배치에 따른 독특한 소리의 공명과 빛의 산란을 통해 차원의 문을 열고 닫을 수 있었습니다.

방사성 탄소연대측정법에 의하면 대략 4,500년 전의 건축물이라고 추측하던데, 그 선사 시대에 그런 엄청난 일이 가능했었다니 이해하기 힘들군요.

고대 인류는 원시적인 생활과 수렵 등을 통해 기본 먹을 거리를 해결하고 겨우 의사소통이나 할 정도의 미개한 의식 수준이었을 것이라는 가정은, 본래의 감각이 상당 부분 닫혀 오감의 좁은 틀로써만 세상을 느낄 수 있는 현 인류의 대단한 착각입니다.

다음에 말씀드릴 아틀란티스와 레뮤리아 대륙의 사례를 보시면 잘 아실 수 있겠지만, 지구에서 자체 진화한 원주민들과는 달리, 별에서 파종된 고대 인류들은 자연을 온전히 느끼고, 그들의 언어를 이해하며, 주변에 산재해 있는 보이지 않는 힘을 직접적으로 느끼고 활용할 수 있었습니다.

별에서 파종된 고대 인류라고요?

그렇습니다. 당시 스톤헨지 인근 원주민 중 상당수가 플레이아데스[13]에서 온 자손들로, 우주에서는 지구에 새로운 인류가 태동하는 시기에 다양한 인종 샘플을 통해 앞으로 이들이 지구상에서 어떤 역할을 하며 살아갈 것인지

---

13) p.141 '지구와 시리우스별 소개' 참조

에 대한 많은 고민이 있었습니다.

스톤헨지를 건축한 이들도 그런 실험의 일환으로 지구에 파종된 플레이아데스인들이었습니다. 그들이 자신의 고향별과 연결되고 정보를 주고받으며 그곳을 왕래할 때 이용한 것이 바로 스톤헨지였습니다.

당시 중장비도 없이 수십 톤이나 되는 무거운 돌을 짧게는 30km에서 길게는 수백km 떨어진 곳까지 어떻게 운반해서 쌓았는지에 대해 많은 사람들이 궁금해 합니다. 여러 차례에 걸쳐 중수重修되었다고 하는 이들도 있고요. 건축에 관련된 비밀은 무엇인가요?

한 번에 전체 형태를 만든 것이 아니라 시차를 두고 바깥에서 안으로 좁혀오면서 돌을 세우고 재배치해 지금과 같은 형태를 만들었습니다. 사르센석을 바깥 원에 먼저 세우고 안쪽 원에 청석과 삼석탑들을 세웠지요.

최초 건축 시에는 현 인류의 과학으로는 발견할 수 없는 반중력장 원리를 이용하여 돌들을 이동시켜 형태를 만들었고 그 이후 여러 번에 걸쳐 추가된 형태가 갖춰지는 동안 원주민들을 부역에 동원하기도 했습니다. 이들은 높

스톤헨지는 영국 윌트셔주의 솔즈베리 평원에 있는 고대 거석문화의 유적이다. 높이 8m, 무게 50톤인 거대 석상 80여 개가 세워져 있으며, 스톤헨지를 구성하고 있는 거석들은 쏠매나 뗏목을 이용해 육로나 해상을 번갈아 가며 운반되었을 것으로 추정되지만 명확하게 밝혀지지는 않았다. 또한 스톤헨지는 종교 의식을 위한 신전이나 천체 관측 천문대, 외계인 UFO 정착지, 가축의 우리, 해시계 등 그 용도에 대해 다양한 설이 있다. 스톤헨지에서 화장돼 묻힌 유해 약 250여 구가 발굴되어, 무덤이나 대규모 종교복합단지 기능을 했다고 주장하는 이도 있다. 인공적으로 깎은 돌들을 기하학적인 구조에 따라 정밀하게 배치한 것으로 보아 당시에 중요한 용도가 있었을 것으로 보이지만 정설은 없다. 하지만 종교적인 의식 장소나 천체 관측소였을 것이라는 주장이 비교적 설득력을 얻고 있다.

은 차원의 힘을 바탕으로 당시 원주민들에게 신으로 군림하기도 하였지요.

그 일대에서 발견된 많은 화장된 유골들로 미루어 스톤헨지가 대규모 종교복합단지 기능을 했다고 주장하는 이도 있습니다. 맞는 이야기인지요?

일정 부분 사실과 부합하는 내용입니다. 역사적인 흥망을 거듭하면서 신이라 자처하며 절대 권력으로 군림하던 세력이 사라진 후, 그 일대 지역민들에게 스톤헨지는 단지 지나간 역사의 한 장소로 전락하게 됩니다.

그러나 오랫동안 구전되어 오는 이야기를 통해 그 장소가 특별한 곳이라는 믿음만은 자연스레 의식 속에 자리 잡았습니다. 그래서 당시 조상을 종교로 섬겼던 브리튼족들에게는 유골을 스톤헨지 일대에 안장하는 것이 죽은 영혼에게 바치는 최고의 예禮라는 인식이 일반화되었던 것입니다.

스톤헨지가 솔즈베리 평원 한가운데 자리를 잡은 이유가 있었는지요?

그곳 주변에 특별한 에너지장이 형성되어 있기 때문입니다. 솔즈베리 평원을 중심으로 미스터리 서클[14]이 광범위하게 형성되어 있는 것도 같은 맥락에서 볼 수 있습니다.

건조된 시기는 현 인류의 태동 시기와 같다고 보아야 하는지요?

현 인류의 시원은 동이족이며 동이족이 아시아에서 활동하였고, 그들의 활동을 지켜보며 서로 역할을 보완하기 위한 방법으로 당시 고대 브리튼족이 탄생된 것입니다. 시기적으로는 비슷하나 시간적으로는 동이족보다는 한참 지난 후이지요.

스톤헨지가 그토록 오랜 세월 동안 그 형태를 유지하며 인류의 문화우산으로 남아 지금까지 내려온 이유는 무엇인가요?

빛과 소리의 조화를 이용하면 건축물에 일종의 생명력을 불어넣을 수 있게 됩니다. 최초 건축에 관여한 이들은 이

---

14) 크롭 서클이라고도 불리며 밭이나 논의 곡물이 일정한 방향으로 눕혀져 위에서 보면 어떤 무늬를 나타낸 것을 말한다.

런 원리를 이용하여 세세토록 자신들의 흔적을 남겨놓으려 했지요. 자신의 근원을 찾는 후손들에게 그 실마리를 연결해 주려고 말입니다. 이들에게 스톤헨지는 어머니의 자궁과도 같은 곳이며 모성의 그리움이 내재되어 있는 곳입니다. 영국 국민들의 시원이 바로 이곳이며, 다른 인종들의 시원 역시 그들의 역사 가운데에서 찾을 수 있지요.

우주 상층부의 선한 의도로 탄생한 동이족들은 뛰어난 영성을 바탕으로 하늘의 존재를 믿고 따르려는 마음이 그들의 의식 속에 자연스럽게 자리하고 있습니다. 그에 비해 스톤헨지와 관련된 이들은 자신들의 자손을 키우고 번성시켜 이들이 지구의 주인으로서 역량을 발휘하기를 바라는 사적私的인 마음으로 파종된 경우인지라, 이들을 보낸 플레이아데스에서도 후손들이 깨어나기를 안타까운 마음으로 지켜보고 있지요.

고차원의 별 플레이아데스에서 선한 목적이 아닌 사적으로 인류의 파종을 시도했다는 말씀이 잘 이해가 되지 않습니다. 차원이 높은 우주인들도 사심이 있다는 말씀을 어떻게 해석해야 되는지요?

그들에게 사심이란 자신의 개인적인 의도가 들어가 있었다는 뜻입니다. 자신만의 실험 무대, 자신의 능력을 펴는 무대로 지구를 활용할 계획이었던 것입니다. 구성원 전체의 합의를 통해 이루어진 것이 아니라 몇몇 호기심 많은 우주인들에 의해 행해진 것이었지요.

우주의 법칙은 모든 것이 자연스럽게 흘러가는 것입니다. 역리가 아닌 순리로서 자동화 시스템처럼 움직이는 것이 우주이며, 그 순리에 어긋나는 행동을 하면 그에 합당한 처분이 내려지는 것이 또한 우주의 법칙입니다. 그들의 행동은 상당한 대가를 치를 것이나 아직까지는 지켜보는 입장입니다.

그들의 의도 자체는 분명 선한 것이 아니었습니다만, 수련을 위한 별로 창조된 지구의 특성으로 비춰볼 때는 그런 의도조차 전혀 이상한 현상은 아닙니다. 세상은 늘 선과 악을 통해 중용의 속성을 지켜나가게 되어 있으니까요.

인간은 자유의지로 자신의 길을 선택하면서 가게 되어 있습니다. 플레이아데스 우주인들이 파종에 관여했다고는 하나, 자유의지가 본래 의도와는 상관없는 방향으로 흘러가는 것은 그들로서도 어쩔 수 없는 것입니다. 모두 다 과정상의 문제로 보고 있지요.

그렇다면 그들의 의도가 실패한 것입니까? 성공한 것입니까?

결과적으로는 실패했다고 보아야겠지만 그 역시 과정상의 문제일 뿐, 크게 의미를 둘만 한 것은 아닙니다. 물질적으로는 그 영향력을 전 지구에 퍼트리며 흐름을 주도할 수 있었다 하더라도, 자신들보다 높은 차원의 존재들에 대한 인식이 없고 정신적인 면이 뒷받침되지 않아 물질문명이 지닌 한계를 벗어날 수 없게 되었지요.

지구를 고난도의 수련장이라고 하는 이유는 바로 인간들뿐만 아니라 우주에서도 이같이 사심으로 접근해서 관여하는 이들이 있기 때문입니다. 인간들이 자신의 뜻인 줄 아는 많은 생각, 상념들도 알고 보면 자신의 뜻이 아닌 경우가 있는 것은 이 같은 존재들이 관여하기 때문입니다. 이럴 경우 자신의 본래 의도와는 상관없는 방향으로 흘러가기 때문에 그토록 많은 변수가 생기는 것입니다. 그래서 지구에서의 삶 자체가 고난도의 수련 과정이라고 하는 것입니다.

이들과의 교류를 통해 선진화된 문화를 배울 수 있는 좋은 기회로 삼을 수도 있을 것 같은데요. 플레이아데스와의 관계를 어떻게 해석해야 하는지요?

플레이아데스인이라고 해서 모두 일방적으로 선하거나 악한 것은 아닙니다. 더러 성숙치 못한 우주인들이 자신의 능력을 과시하고자 일부 문제를 일으키기도 하지만, 아직 보는 시야가 좁아 자신의 행위의 무게를 간과하는 경우입니다. 이것을 젊은 사람의 치기 정도로 이해하시면 될 것입니다. 이들 별의 지도층에서는 사춘기 아이를 둔 부모의 심정으로 이들을 바라보고 있으며 그것이 궁극적으로는 지구의 진화를 위해 필요한 일이라 볼 수도 있기에 따로 개입하지 않고 그냥 지켜보는 중입니다.

이러한 일종의 시행착오는 우주 전체의 입장에서 볼 때 일부 개인의 힘이 얼마나 큰 것인가에 대한 실험의 성격 또한 있다고 할 수 있기에, 이들의 힘이 지구를 얼마만큼 움직일 수 있는지에 대해서도 유심히 살펴보고 있습니다. 이제껏 지구 역사를 이끌어 왔던 것은 한 인간의 힘이 크게 작용한 경우가 많았으니까요.

그러면 그들은 인간의 공부를 위해서 일정 부분 역할을 하고 있는 것이라고 보면 되는지요?

넓게 보면 그렇습니다. 인간은 고난을 통해 더욱 큰 마음자리를 갖게 됩니다. 쇠에 비유하자면 담금질을 할수록 쇠가 더 단단해지는 이치와 같습니다. 우주 전체의 입장에서는 지구 인류의 공부를 위해서 이 같은 일들을 방관하고 있는 것이며, 각자의 진화를 통해 지구를 더욱 진화한 별로 만들려고 하는 뜻이 있는 것입니다.

지금까지의 대화를 종합해 보면, 서양인의 시초는 영국에서 시작되었다는 것으로 보면 될까요?

맞습니다. 서양문명의 시초가 영국인이며, 새로운 문명의 시작을 알리고 우주의 파장을 송수신하기 위해 만들어진 구조물이 스톤헨지라고 할 수 있습니다.

이 대화 내용들이 서양인들에게는 썩 유쾌하게 같아들여질 만한 것은 아니라고 여겨지는군요. 어떻게 설명하면 좋을까요?

인간의 창조 목적은 진화이며, 모두가 다 인연에 의해 각자 다른 몸을 받고 태어나는 것입니다. 동이족의 몸이 우수하다는 것은 그만큼 우주의 높은 차원에서 관여했기 때문에 가능한 것이며 그러한 몸을 받고 태어날 수 있다는 것은 그만큼의 공덕과 필요성에 의해서입니다.

하지만 인간은 누구에게나 신성神性의 씨앗이 내재되어 있으며, 종자보다 더 중요한 것이 영성인 것입니다. 아무리 뛰어난 종자를 가지고 나왔어도 하늘을 알아보는 영성이 뒷받침되어 주지 않으면 소용이 없는 것이며, 비록 뛰어난 종자를 가지고 나오지 못해도 영성이 뛰어나면 그것을 통해 하늘과 하나 될 수 있는 것입니다.

중요한 것은 몸이 아닌 마음의 실체이며, 그 마음에 담긴 내용물이 얼마만큼 귀하고 쓸모 있게 다듬어졌는지에 따라 그 인간의 가치가 결정되는 것입니다.

하늘의 가르침을
지상에 펴던 곳, 마추픽추

토란트님, 7대 불가사의 중에 하나인 페루의 마추픽추에 대한 이야기도 듣고 싶습니다.

네, 좋습니다.

제가 자료를 조사해보니, 사라진 잉카문명의 최후 유적지 마추픽추는 '잃어버린 도시', 또는 '공중도시'라고 불립니다. 산과 절벽, 밀림에 가려 밑에선 전혀 볼 수 없고 오직 공중에서만 존재를 확인할 수 있어서 후세 사람들이 '공중도시'라고 이름을 붙였다고 합니다. 마추픽추는 무엇을 하던 도시였는지요?

마추픽추는 고대 잉카문명의 발생지입니다. 그곳에서 그들은 조상의 뜻을 받아 지상에 펴는 역할을 했습니다. 즉, 그곳은 하늘과 가까운 사람들이 모여서 세상에 그 뜻을 펼쳤던 신시神市입니다. 신의 뜻을 온전히 받들고 신의 나라를 건설하려고 했던 곳이 마추픽추이지요.

마추픽추는 초기 도시를 형성하고 원주민들을 데려와 교육을 시키며 하늘의 질서를 실험했던 곳입니다. 그들은 그곳에서 인재를 양성했습니다. 그리고 그 인재들은 남아메리카 곳곳으로 흩어져 부족의 중요한 핵심 일원이 되어 하늘의 뜻을 펼치고자 했었습니다. 지금의 용어로 하자면 신시 아카데미와 같은 역할을 했던 곳이 마추픽추입니다.

신시라면 신들이 통치를 했다는 것인지요?

그렇습니다. 그 신들은 다름 아닌 우주인들로서, 플레이아데스인들이 지상에 내려와 그들 별의 파장을 받아 사람들을 교화했었던 것입니다. 하늘의 뜻을 온전히 받들 수 있는 인간을 양성하고자 플레이아데스에서 직접 관여하고 다스렸던 것이지요.

그럼 우리나라 건국 신화에서 단군께서 내려오셔서 나라를 세운 것처럼 마추픽추를 그런 모델로 봐야 하는지요?

정확합니다. 그런 모델이었죠. 마추픽추는 플레이아데스

인들이 내려와 원주민들을 교화시켰던 곳입니다. 잉카족은 선한 민족으로 순수성이 있어서 하늘을 잘 섬겼습니다.

플레이아데스인들이 관여했다면 건축 기술 등에도 그들의 선진 기술을 사용했나요? 200톤이 넘는 거석을 산꼭대기에 정교하게 쌓아올린 마추픽추의 '태양의 신전', '주신전' 등은 그 이음새가 종이 한 장 들어갈 틈도 없이 정교하게 맞추어져 있다고 합니다. 당시 사람들이 어떻게 이런 건축을 할 수 있었는지요?

당시 원주민들을 교화하기 위해서는 그들이 경외시하는 방법을 간혹 사용해야 했습니다. 인간은 절대적인 힘 앞에 머리를 숙이고 따르는 나약한 면도 있으니까요. 그래서 원주민을 다스리는 방법 중 하나로 플레이아데스의 선진 기술을 종종 사용하였습니다. 우선 하늘을 나는 UFO가 그런 것입니다. 우주선에서 나오는 고차원의 에너지로 그 같은 돌들을 옮기는 것은 식은 죽 먹기였습니다.
그렇다고 모든 것에 선진 기술을 사용한 것은 아닙니다. 인간들이 건축을 통해 하늘을 경외시하고 그리워하는 마음을 가질 수 있도록 일부는 인간의 힘으로 건축하게끔 했습니다.

마추픽추는 페루 안데스 산맥에 있는 잉카문명의 고대 도시이다. 마추픽추는 현지어로 '오래된 봉우리'를 의미하며, 우루밤바Urubamba 계곡 근처에 높이 2,400미터의 고지에 위치하여, 산자락에서는 그 존재를 확인할 수 없다. 마추픽추는 제례 의식의 중심지로 약 1천 명이 거주한 것으로 추정하고 있다. 태양의 신전, 지붕 없는 집, 산비탈의 계단식 밭, 농사를 짓는 데 이용된 태양시계, 피라미드 등의 유적이 남아 있다. 잉카인들은 커다란 돌들을 바위산에서 잘라내 수십km 떨어진 산 위로 날라서 종이 한 장 들어갈 틈도 없이 정교하게 돌을 쌓아 신전과 집을 지었다. 하지만 이 돌들을 어떻게 옮겨와 다듬었는지는 아직도 미스터리다. 16세기 후반, 잉카인들은 무슨 이유에서인지 문명이 고도로 발달한 마추픽추를 버리고 더 깊숙한 오지로 떠났다. 마추픽추가 왜 만들어졌는지, 잉카인들이 왜 마추픽추를 떠났는지에 대해 여러 가지 설이 있지만 확실한 내막은 알 길이 없다.

고대문명들이 그 같은 미스터리 건축 구조물을 남겼던 이유 중 하나는 후손들이 자만에 빠지지 않게 하기 위해서였습니다. 물질문명이 아무리 발달하여도 고대 건축기술을 흉내 내지 못한다는 것을 알려주기 위해서였죠. 거기에는 인간의 힘이 아닌 다른 차원의 힘을 가진 존재들이 있다는 것을 건축물들을 통해 암시해 주려는 뜻도 있었습니다.

당시 그 장소에 도시를 세운 특별한 목적이 있었던 것인지요?

마추픽추는 지금으로 말하면 볼텍스[15]와 같은 역할을 하던 곳이었습니다. 기운의 중계소로서 당시 하늘과 파장의 교류가 가능한 장소였으며, 당시 지도자들은 기운의 흐름에 대해서 잘 알고 있었기 때문에 그런 천연의 조건을 잘 활용하여 도시를 만들었습니다.

지금도 볼텍스의 역할을 하고 있는지요?

현재는 볼텍스의 역할을 다한 장소이며, 이곳을 방문하

---

15) 기운이 강한 지역을 일컫는 것으로서 천기天氣와 지기地氣가 소용돌이치며 감응하는 곳이다.

는 후세인들에게 파장을 전달하는 장소로 그 마지막 소임을 하고 있습니다.

마추픽추 도시의 주거 형태는 대부분 지붕이 없는 구조로 되어 있어서 그 특이함 또한 미스터리로 남아 있습니다. 오랜 세월이 흐르면서 자연스럽게 지붕의 구조가 사라져 버렸는지, 아니면 원래 지붕이 없는 구조로 만들어졌는지요? 그렇다면 왜 그런 식의 주거 형태를 만들었는지 궁금합니다.

당시 사람들은 거울보다도 깨끗한 마음을 가지고 있었습니다. 그들은 밤하늘의 별을 바라보면서 고향을 그리워하고 그들의 외로운 마음을 달랬습니다. 보통 지붕을 비, 바람을 피하는 용도로 활용하지만, 당시 사람들의 하늘을 그리워하고 닿고자 하는 순수한 마음이 그 같은 주거 형태를 만들게 되었던 것이죠.

그들에게 있어 밤하늘의 별들을 바라보는 것은 하루 일과 중에서 가장 기쁜 시간이었습니다. 밤하늘의 별을 바라보는 문화는 순수한 영혼을 유지하기 위한 하나의 방법이자 영혼을 정화시키는 하나의 의식과도 같은 것이었습니다.

그렇군요. 잉카문명의 근원인 인디오들의 음악을 들어보니 정서적인 면에서 동이족과 비슷하다는 느낌을 받았습니다. 북아메리카의 인디오들은 어떤 민족들인지요?

플레이아데스인들에 의해 탄생된 잉카문명의 사람들은 하늘을 섬길 줄 아는 순수한 마음을 가진 민족입니다. 지구와 우주의 진화를 위해 순수한 목적으로 탄생된 민족이기에 그들의 순수성과 하늘을 섬기고 따르려고 하는 정서가 동이족의 정서와 상당히 비슷해서 그들의 음악이 감응을 불러일으키는 것입니다. 그들이 사용하는 악기인 께나초[16]는 한국의 대금과 유사한 파장 대역에 있는 것으로 하늘의 소리를 담을 수 있는 악기 중 하나입니다.

넓은 의미로 보면 인류 모두는 하나의 가족이며 한 뿌리에서 나온 공동운명체입니다. 문명 간에 개입된 우주인들과 하늘의 뜻에 의해 다소 격차를 두고 다양한 모습과 개성을 지닌 존재로 탄생하였으나, 어느 존재를 막론하고

---

16) 페루의 전통 악기. 원형의 통 앞쪽에 6개, 뒤쪽에 1개의 구멍이 뚫려 있으며 낮고 부드러운 음색을 가지고 있다.

그 근원에는 사랑이 배어 있습니다. 그 사랑에는 바로 조물주님의 사랑이 근간을 이루고 있으며, 그 뿌리는 모두가 하나입니다.

전해지는 역사의 기록에 의하면 16세기 후반, 잉카인들은 무슨 이유에서인지 문명이 고도로 발달한 마추픽추를 버리고 더 깊숙한 오지로 떠났다고 합니다. 그 뒤로 마추픽추는 약 400년 동안 사람들 눈에 띄지 않다가 1911년 미국의 역사학자에 의해 발견되었다고 합니다. 당시 잉카인들이 마추픽추를 떠난 연유는 무엇인지요?

잉카문명의 종말과 더불어 상징적인 마추픽추의 운명도 다한 것입니다. 당시 서양 세력의 침략으로 인해 찬란했던 잉카문명은 종지부를 찍었습니다. 서양문물이 들어오면서부터 이들 남아메리카의 정신문명이 쇠퇴하기 시작했고 이 시기부터 물질문명이 남아메리카를 지배했습니다.

경제 전문가들은 마추픽추가 몰락하게 된 원인 중 하나가 자급자족이 불가능한 도시 형태라고 하는데 이 같은 원인 분석이 맞는지요?
예를 들어 마추픽추는 산꼭대기에 계단식 논밭이 있는데 식수나 농업용수 등은 어떻게 해결을 했었는지 궁금합니다. 만약 가뭄이 든다면 어쩔

도리가 없는 것이 아닌지요? 물이 없으니 식수뿐만 아니라 작물 수확을 못해서 양식의 수급에도 어려움이 따랐으리라 생각되거든요.

당시 그곳은 아주 이상적인 생태마을이었습니다. 모든 것이 소규모였지만 자급자족이 가능했죠. 하늘은 자연의 순리를 어기지 않고 하늘을 따르려는 민족을 사랑하는 법입니다. 그들에게 풍부한 자연의 혜택을 주었으며 자연도 적당한 비와 온도로 그들을 지켜주었습니다.

또한 우주인들의 선진 기술이 도입되어 낮은 지형에서 물을 끌어와 사용하는 방법을 알고 있었기에 물에 대한 걱정은 하지 않았습니다. 오직 걱정은 하늘의 뜻에서 멀어지는 행동뿐이었으며, 실제로 그들은 하늘의 뜻을 경시한 서양문명에 의해 무참히 무너졌죠.

그 당시 하늘은 왜 하늘을 따르던 그들을 지켜주지 않았나요?

문명이 발달하기 위해서는 순수한 마음만으로는 안 됩니다. 지능과 사고의 발달이 함께 따라줘야 영성이 개발되며 문명이 발달하는 것입니다. 시골 촌로들이 다소 순박

한 면은 있으나 문명의 혜택을 받지 못해 사고가 부족한 것에서 알 수 있듯이 영성의 개발은 순수한 마음을 바탕으로 더 나아가 올바른 사고, 진화된 사고를 할 수 있어야 됩니다.

당시 잉카인들은 하늘을 경외시하고 따르려는 순수한 마음은 있었으나, 문명을 더욱 발전시키려는 욕구가 거의 없는 상태였는지라, 사고가 발달하지 못해 문명이 정체될 수밖에 없었습니다. 그래서 물질을 이용해 사고를 더 개발할 필요가 있었고, 당시 서양문명은 이런 물질을 잘 활용하여 세계를 정복할 수 있었습니다. 서양문명에 의한 잉카문명의 몰락은 영성의 개발을 위해서는 필연적이었다고 할 수 있습니다.

아, 그렇군요. 순수한 마음과 더불어 힘도 있어야 된다는 말씀으로 들리네요. 그러고 보면 저도 키가 작던 중학교 시절에는 돈을 뺏기곤 했었는데, 고등학교 시절부터 키가 커지고 운동을 하면서 힘을 키우니 덤비질 않더라고요. 그래서 자신을 보호하기 위해서라도 남자는 힘이 있어야 된다고 느꼈습니다. 순수한 마음만으로는 자신뿐 아니라 여자 친구도 지킬 수 없는 것 같았어요.^^

힘과 힘으로 맞선다는 사고를 가지고 있으면 생각이 그런 식으로 흘러가게 되어 있습니다. 미국이 군사력에 어마어마한 예산을 투자하는 이유도 물질적인 힘이 곧 세상을 지배할 수 있다는 생각에서입니다. 실제로 지구에서 통용되는 사고이기도 하지요. 그래서 각 나라들은 자국을 보호하려는 측면에서 핵무기를 보유하려는 것이고, 약소국들은 힘을 가진 나라에 기대어 그들에게 적당한 이익을 주면서 자국을 보호하는 것입니다.

이런 물질의 맛에 길들여지면 세상을 움직일 수 있는 권력과 힘을 쉽게 포기하기 어렵습니다. 지금의 지구 위기도 물질적인 사고가 중심에 있기에 상대적으로 나약한 동식물이나 자연, 약자나 약소국들이 강자에 희생되어 나타난 것입니다. 이런 모순된 흐름이 지구에 불균형을 초래해 왔고 이제 정점에 다다랐습니다. 물질에 가려진 양심과 본성이 이 같은 위기를 초래한 것이죠.

그렇군요. 그럼 진정한 힘이란 무엇일까요?

그것은 사랑이지요. 단연코 사랑입니다. 사랑만이 세상

을 조화롭게 만들어 나갈 수 있습니다. 미국이 제아무리 물리적인 힘을 바탕으로 세계질서를 바로 잡는다지만 물질의 힘은 오히려 반감만 사게 되는 것이지요. 물질은 그 분배에 있어서 골고루 균형 있게 분배되었을 때에만 진정한 힘을 발휘할 수 있는 것입니다.

부익부 빈익빈, 양극화가 심해지는 물질문명은 이미 그 한계를 여실히 보여주었습니다. 이 한계를 극복할 수 있는 것은 오로지 사랑뿐입니다. 사랑의 눈으로 보면 물질의 쓰임이 어디로 흘러야 할지 보이지요. 예를 들어, 햄버거에 들어가는 고기를 생산하기 위한 가축용 곡식을 사랑의 눈으로 보게 되면, 아프리카의 굶는 아이들에게 돌아갈 곡식으로 보입니다. 물질세계의 부의 분배와 균형은 오로지 사랑이 있을 때 가능한 것입니다.

레뮤리아 대륙의 신전, 요나구니 유적

토란트님, 일본 오키나와 열도의 최남단에 있는 요나구니 섬 바다 속에서 고대 유적지가 발견되었다고 합니다. 1986년에 한 잠수부에 의해서 발견된 이 유적지는 무엇을 하던 곳이었는지요?

요나구니 유적지는 고대 아틀란티스 문명과 쌍벽을 이루던 레뮤리아 문명의 고대 도시의 일부입니다. 당시 문명의 흔적이 가장 잘 보존된 곳으로, 반복되는 지구의 역사를 잘 보여주는 예이기도 합니다.

이 요나구니 유적지는 무엇을 하던 곳이었는지요? 사람들은 제단이라고도 하고, 고대 피라미드라고도 합니다.

요나구니 유적지는 레뮤리아 문명이 멸망하기 이전, 극도의 혼란기 때 세워진 신전입니다. 자신들의 잘못으로 문명의 위기가 초래한 것을 반성하는 차원에서, 하늘을 향해 속죄하고 하늘의 뜻을 받들고자 지어진 신전이지요. 하지만 그들은 구원받지 못하였으며 자신들의 행동에 대한 책임을 고스란히 떠안을 수밖에 없었습니다.

문명의 위기란 무엇을 말하는 것인지요?

종족 간의 대립과 갈등으로 생긴 전쟁을 말합니다.

그럼 레무리아 문명이 지구상에서 사라지게 된 것이 종족 간의 전쟁 때문이었다는 것인지요?

네, 그렇습니다. 당시의 물질문명은 현 지구의 물질문명을 뛰어 넘는 수준이었으며, 당시 그들은 영성이 물질에 잠식당함으로 인해 물리적인 힘을 앞세워 진화의 욕구를 채우려고 했습니다.
물질문명의 발달은 반드시 정신적인 뒷받침이 있고서야 자유자재로 통제할 수 있습니다. 정신적인 뒷받침이 없고서는 물질에 종속당함으로써 권력과 야욕에 눈이 어두워 언젠가는 갈등과 긴장으로 흐를 수밖에 없는 것입니다.

어느 정도 규모의 전쟁이었기에 지구상에 흔적도 없이 문명이 사라졌는지요?

상대방에게 자신의 의사를 관철시키기 위해 사용하는 방법 중 하나가 전쟁입니다. 전쟁의 이면에는 인간의 이기심과 욕심 등이 숨어 있으며, 이로 인해 수많은 생명과 자연 생태계가 파괴되었던 것입니다.

당시 그들의 전쟁은 지구의 생태계를 전반적으로 위협했으며 이성을 잃어버린 그들을 제어할 수 있는 존재는 아무도 없었습니다. 그리하여 파괴된 생태계를 복원하기 위해 지구가 자체 정화작용을 시작했으며 이들 문명은 결국 종말에 이르게 된 것입니다.

그렇군요…. 요나구니 유적지에서 이스트 섬의 모아이 석상과도 비슷한 모양의 석상이 발견되었다고 합니다. 그 크기나 형상이 상당히 비슷한데 이와 어떤 연관 관계가 있는지요?

인간의 무의식에는 자신의 조상들에 대한 기억이 DNA를 통해 저장되어 있어서 자신도 모르는 애틋함과 애절함, 슬픔 등의 감정들이 솟아오르게 되어 있습니다. 이스트 섬의 모아이 석상은 그런 애절함과 애틋함을 담은 조각상으로 고향을 그리워하는 원주민들의 마음이 그대로 실려 있습니다.

이스트 섬은 레뮤리아 대륙의 후손들이 과거의 기억을 망

요나구니 유적지

모아이 석상

1986년에 일본 요나구니 섬 인근 해저에서 잠수부가 해적유적으로 추정되는 지형을 발견했다고 하여 주목을 끌었다. 이 해저구조물이 인공적으로 만들어졌는지 자연적으로 생성되었는지에 대해서는 많은 논란이 있다.

또한 1992년 요나구니 섬 남쪽 부근에서는 피라미드와 비슷한 모양의 건축물과 거대한 석상이 발견되었다. 그 중 석상은 인간의 얼굴 형상을 하고 있었으며, 칠레 이스트 섬의 모아이 석상과 모습이 흡사했다. 이스트 섬에는 일반적으로 3.5~5.5m의 높이에 달하는 900여 개의 모아이 석상이 섬 전체에 분포되어 있는데, 이스트 섬은 남태평양을 중심으로 한 레뮤리아 문명의 범위에 있었던 것으로 추정되기 때문에 요나구니 유적도 레뮤리아 문명의 일부라는 학자들의 주장이 제기되었다.

각한 채 뿌리를 내려 정착했던 곳입니다. 레뮤리아 대륙과 관련된 우주인들이 지구에 새롭게 뿌리를 내리기 위해 그들 종족을 번식시켰던 것입니다.

또한 요나구니 건축의 형태가 잉카 문명 때 지어진 거석의 건축 형태와 비슷하다고 합니다. 이것도 어떤 연관 관계가 있는지요?

요나구니 유적은 당시 극도의 혼란기 때 지어진 것으로, 문명의 위기에서 그것을 정제하려는 하늘의 개입이 있었습니다. 몇몇 선한 우주인들이 마지막 희망으로 신전을 짓게 하여 하늘의 뜻을 받들어 그들이 잘못을 뉘우치고 화합으로 가기를 바랐습니다. 하지만 그들은 서로에게 받은 상처와 피해가 너무도 심했던지라 화합보다는 멸망의 길을 택했습니다.

당시 개입되었던 우주인은 플레이아데스에서 온 우주인이었으며, 잉카 문명의 기원도 플레이아데스의 우주인으로부터 시작되었으므로 그와 유사한 방법으로 건축을 했었던 것입니다.

참으로 슬픈 사연이 있는 유적지이군요. 이 같은 우적이 온전히 보전되어 후세에게 전해진 특별한 이유가 있는 것인지요?

지구에서 일어나는 모든 일들은 우연이 없습니다. 모두가 하늘의 뜻에 의해 이루어진다는 것을 안다면 작은 일조차 쉽게 넘기면 안 되는 것이지요.

고대 유적지는 지구의 반복되는 역사를 통해 후손들에게 메시지를 전하기 위해 남겨진 것들입니다. 하나의 생명체인 지구는 다섯 번째 생명을 잉태하고 길렀으며 지구의 구성원인 인간들의 행태에 따라 다시 한 번 과거의 교훈을 반복하느냐 아니면 새로운 차원으로 거듭나느냐의 기로에 서 있습니다.

자식이 잘되기를 바라는 어머니의 마음처럼 어머니인 지구로서는 자식인 인간이 잘되기를 바라는 마음은 당연하겠지만, 자식이 어머니를 못 알아보고 같은 형제를 못 알아봐서 서로 할퀴고 경쟁하며 생명을 해하고 있는 지금의 모습은 과거의 교훈을 다시 한 번 되새겨야 하는 상황이라 심히 우려됩니다.

지구는 하나의 생명체이며 너와 나는 둘이 아닌 하나임을 깨닫고, 모두가 지금의 위기를 인식하여 한마음으로 지구를 구하기를 바랍니다. 그 시작은 서로가 하나라는 것에 대한 인식이며 가족 간의 사랑을 확장시켜 지구 가족으로서의 사랑을 키워나가야 하는 것입니다.

네, 알겠습니다. 과거의 역사를 반복하지 않기를 저 또한 간절히 빌어봅니다.

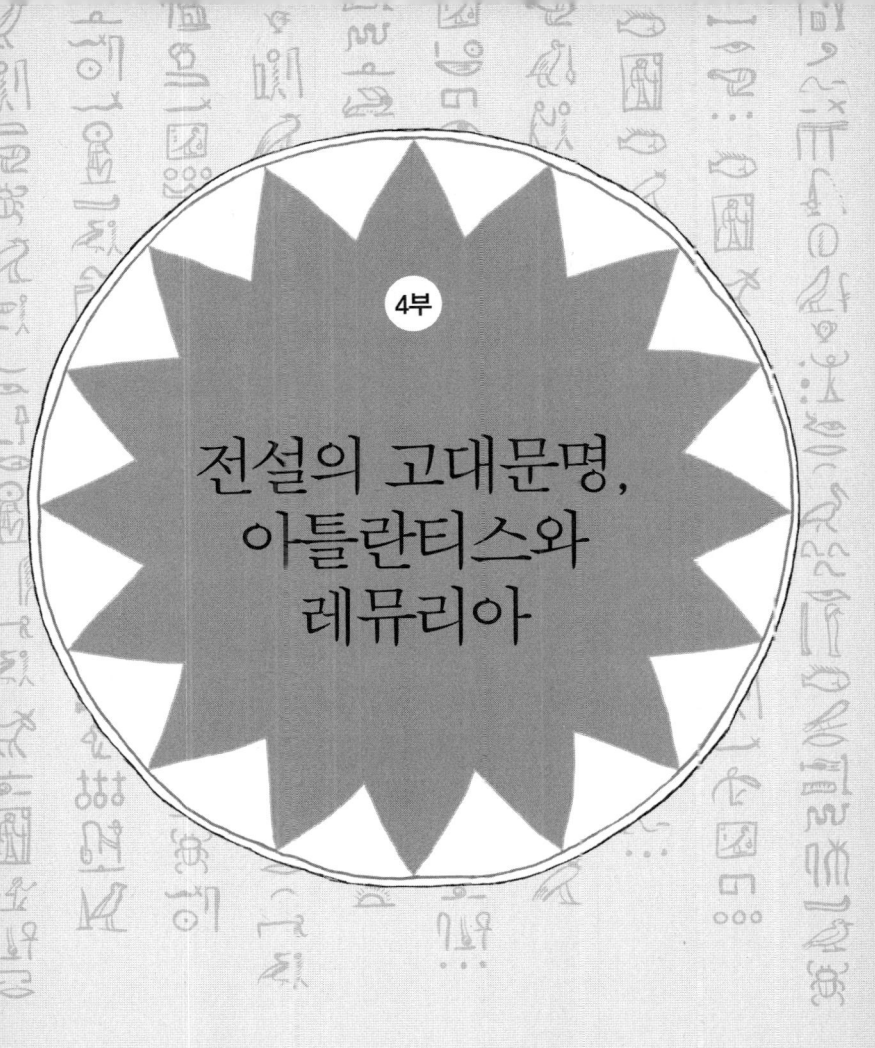

4부

전설의 고대문명, 아틀란티스와 레뮤리아

★ ★ ★

전성기 때 그들은 태양계를 여행할 수 있을 정도의 과학기술을 보유하고 있었습니다. 두 번째 달에 제국을 건설했고, 자기장을 이용해서 무한 에너지를 활용하는 방법도 개발했습니다. 이를 다양한 동력으로 사용하여 우주선도 가동했으며 방사능을 에너지로 사용하는 방법과 반물질反物質을 이용하는 방법도 개발했지요.

아틀란티스와 레뮤리아의 추측 지도

: 아틀란티스 :

그리스의 철학자 플라톤이 《크리티아스》와 《티마이오스》에서 언급한 전설상의 섬이자 국가이다. 대서양에 있었다고 하며 찬란한 문화를 지닌 지상낙원이었지만, 화산폭발과 지진 때문에 바다 속에 가라앉아 버렸다고 한다.

: 레뮤리아 :

아틀란티스 문명과 쌍벽을 이루던 문명. 아틀란티스와 함께 현 인류 이전에 지구상에 존재했던 문명으로서 남태평양 대륙에 위치했으나, 아틀란티스처럼 화산폭발과 지진으로 바다 속으로 가라앉아 버렸다고 한다. 일본의 요나구니 유적지는 레뮤리아 문명의 흔적이 가장 잘 보존된 곳이다.

태양계를 여행하던
최첨단 과학기술

레뮤리아 이야기가 나와서 말인데요. 아틀란티스와 레뮤리아의 전설이 사실인가요? 무척 궁금합니다.

아틀란티스와 레뮤리아는 현 문명 이전에 실제 존재했던 문명입니다. 아틀란티스와 레뮤리아는 에비티스Ebiteas라는 종족에서 시작되었습니다.

에비티스라고요? 그들의 문명은 언제부터 시작되었는지요?

에비티스는 130만 년 전에 시작되었습니다. 아틀란티스는 100만 년 전에 시작되었고, 레뮤리아는 아틀란티스가 생기고 난 뒤 8천 년 후에 생겼습니다.

에비티스가 130만 년 전에 시작되었고 아틀란티스가 100만 년 전에 시작되었다면 그 사이 30만 년 동안에는 지구에 어떤 일들이 있었는지요?

처음에 에비티스인은 물에서 살았는데 진화를 해서 육지로 올라와 살 수 있게 되었습니다. 그러면서 동물에 가깝던 외모는 점점 인간에 가깝게 진화했습니다. 에비티스인은 아주 느린 진화의 과정을 거쳐서 인간이 되었습니다. 환경이 매우 평화롭고 좋았기 때문에 진화의 과정이 오래 걸린 것이지요.

지상에서는 8개의 대제국들이 세계를 지배하였는데 이 8개의 제국들은 시간이 지나면서 아틀란티스, 에비티스, 레뮤리아로 합병되었습니다. 이 세 제국들 중 아틀란티스는 에비티스와 레뮤리아의 두 배에 달하는 힘을 가졌는데 그 이유는 두 제국은 여전히 화석연료를 사용하는 데 비해 아틀란티스는 기술이 급속히 발전하여 자기magnetism[17]를 이용하여 동력을 얻을 수 있었기 때문이었습니다.

이때 시리우스별의 우주인들이 아틀란티스인들과 접촉하여 두 제국을 지배하려고 하지 말라고 조언했습니다. 시리우스인들은 당시 아틀란티스가 지구에서 통제력과 책임을 행사할 수준이 아니라는 것을 알았기 때문이었지요. 그러나 아틀란티스인들은 시리우스인들의 말을 듣지 않았고 권도술수를 동원하여 에비티스와 레뮤리아 문명을 장악하려고 했습니다. 이 시도는 수백 년 동안 지속되었습니다.

결국 레뮤리아와 에비티스는 아틀란티스만큼 강해지기 위해 합병하기로 결정했고 합병을 하면서 레뮤리아라는 이름을 쓰기로 하였습니다. 아틀란티스인들은 두 제국이 합병한 것을 달가워하지 않아서 많은 충돌을 일으켰습니다. 특히 레뮤리아와의 교역을 중단하기 위해 노력했지요. 레뮤리아인들이 위험한 상황에 빠지게 말입니다.

---

17) 자석이 쇠붙이를 끌어당기는 특성.

당시는 플레이아데스별에서 레뮤리아와 대화하기 시작하여 레뮤리아의 기술 수준을 아틀란티스와 동등하게 올려준 때였습니다. 시리우스인들이 아틀란티스에서 멀어져가는 동안 레뮤리아는 플레이아데스의 도움을 받았던 것이지요.

레뮤리아는 커지면서 아틀란티스에게 빼앗겼던 땅을 차츰 되찾기 시작하여 마침내 지구의 68%에 달하는 땅을 차지하게 되었습니다. 나머지 32%는 아틀란티스 소유였고요. 하지만 많은 영토의 차이에도 불구하고 힘은 항상 아틀란티스가 레뮤리아보다 우위에 있었습니다.

에비티스인의 외모는 현 인류와 많이 달랐나요?

에비티스인은 처음에 반은 인간, 반은 동물이었지만 점차 인간으로 진화했습니다. 인어 같은 모습이었는데 진화하여 현 인류와 비슷한 모습이 된 것입니다. 인어의 모습에 가까웠을 때의 피부는 현 인류보다 훨씬 예민하고 촉촉했으며 키는 3m에 육박했고 눈도 더 컸지요. 현 인류보다 코와 귀는 작았고 손가락도 작았습니다. 머리카락이나 눈썹은 없었고요. 점점 인간으로 진화함에 따라 꼬리 부분과 갈퀴는 갈라져서 손과 발이 되었습니다. 몸은 전체적으로 마른 편이었고 발가락은 처음에 3개에서 시작해 5개로 진화했습니다.

인어의 전설이 거짓이 아니었군요. 그러면 지금의 인간과 비슷한 모습으로 진화한 후의 모습은 어떠했는지요? 우선 아틀란티스인들은 어떠했는지 궁금합니다.

아틀란티스인들은 현 인류보다 키는 더 크고 말랐으며 얼굴은 길고 코는 짧았습니다. 눈은 크고 밝은 청색이었는데, 푸른빛을 띤 깨끗하고 하얀 피부와 잘 어울렸습니다. 손가락은 길고 뾰쪽했으며 가슴은 평평했지요. 여성들은 주로 얼굴과 몸매로 자신의 아름다움을 보여주었으나, 여성들에게는 아름다운 품성이 더 강조되었습니다. 남성들은 체격이 좋고 강해야 했으며, 여성에게 겸손과 자신감을 보여주면서도 여성을 지배하는 성격이어야 했습니다. 성행위는 현 인류와 똑같았지만 아이를 낳는 것에 더 치중했으며 임신 기간은 9개월이 아니라 5개월이었습니다.

아틀란티스인들은 텔레파시로 대화를 했으며, 노래할 때를 제외하면 목소리를 사용하지 않았습니다. 아틀란티스 문화에서 노래는 영혼을 표현하는 수단으로 사용되었습니다. 그들은 채소만 먹었는데 고기는 불순물이 너무 많아서 먹을 수가 없었기 때문입니다.

그럼 레뮤리아인들의 모습은 어떠했는지요?

그들은 약간 노르스름했습니다. 아틀란티스인들이 마른 데 비해 레뮤리아인들은 근육이 발달되어 있어서 대조적이었습니다. 레뮤리아인들은 연한 노란색 피부와 갈색머리에 눈은 황금빛이었으며 눈썹이 짙었습니다. 또한 상체가 하체보다 컸고 코와 귀는 모두 작고 짧았습니다. 지금 인류와 그리 다르지 않았으나 더 힘이 세고 근육이 발달해 있었지요.

그들의 문명 수준은 어느 정도였나요? 현대과학 수준에 비해 얼마나 더 발전했는지요?

아틀란티스와 레뮤리아의 과학기술은 연대별로 많은 차

이가 있습니다. 어느 시기가 궁금하신지 정확히 질문해 주셔야 합니다. 비교하자면 8개의 제국이 있었던 시대가 지금의 과학기술 수준과 비슷하다고 할 수 있습니다.

그럼 8제국 시대 이후에는 지금의 과학 수준보다 훨씬 더 뛰어난 기술을 보유했다는 이야기네요.

그렇습니다. 전성기 때 그들은 태양계를 여행할 수 있을 정도의 과학기술을 보유하고 있었습니다. 두 번째 달에 제국을 건설했고, 자기장을 이용해서 무한 에너지를 활용하는 방법도 개발했습니다. 이를 다양한 동력으로 사용하여 우주선도 가동했으며 방사능을 에너지로 사용하는 방법과 반물질反物質[18]을 이용하는 방법도 개발했지요. 손가락 하나만 한 반물질로도 제주도를 날려버릴 정도였습니다.

그럼 우주선도 만들었나요?

---

[18] 물질에 반대되는 개념으로서 물질은 입자로, 반물질은 반입자로 구성된다. 반물질은 매우 불안정하여 조그만 자극에도 대규모의 폭발을 일으키는 원인이 된다.

네. 그런데 우주선을 만드는 기술은 점점 발전했지만, 에너지의 효율이 떨어졌기 때문에 이를 사용하는 데 에너지가 너무 많이 들었습니다. 더 발달된 문명에서는 그렇게 많은 에너지가 필요하진 않습니다. 그들은 주로 태양, 지구, 화성에서 우주선을 사용했으며 직접 시간여행을 할 수는 없었지만 미래나 과거를 볼 수는 있었습니다. 정확도는 30% 정도 되었습니다.

아까 두 번째 달에 제국을 건설했다고 하셨는데, 지금은 달이 하나밖에 없는데 어찌 된 것인지요?

원래 지구에는 달이 두 개 있었는데, 아틀란티스에서 달 하나를 멀리 밀어내버린 것입니다. 레뮤리아인들이 거기서 많이 살고 있었기 때문이지요. 아틀란티스인들은 두 번째 달의 네 군데에 핵과 반물질을 이용한 큰 폭발물을 설치하여 결국 달이 지구에서 멀리 떨어져나가도록 만들었습니다.

그 두 번째 달은 공전 주기가 계속 길어지면서 공전 궤도도 점점 더 커져 지금까지도 계속 지구로부터 멀어지고 있습니다. 그곳에 살던 레뮤리아인들은 화성으로 이주했다가 지금은 다른 태양계로 건너갔습니다.

재미있는 사실은 달이 두 개 있을 때는 전혀 기울어지지 않고 바로 서 있던 지구의 축이 두 번째 달이 떨어져 나간 이후 점차 기울어지기 시작했다는 점입니다. 그래서 현재의 모습이 된 것이죠. 두 개의 달이 있을 때는 두 달이 서로 반대편에서 중력으로 지구의 균형을 맞춰주었으나, 하나가 떨어져 나가면서 지구는 힘의 균형을 잃게 된 것입니다.

전쟁 그리고 혼란기

아틀란티스인들이 레뮤리아인들을 공격한 이유는 무엇인지요?

아틀란티스와 레뮤리아는 오랜 세월 동안 수많은 전쟁을 벌였습니다. 두 나라는 라이벌 관계였지요. 아틀란티스가 시리우스의 지원을 받으면서 다른 나라들과 점점 격

차가 생기다가 결국 레뮤리아와 라이벌이 된 것입니다. 두 나라 간의 최후 전쟁은 그 중에서도 가장 끔찍했습니다. 지구 주변에 배치한 어마어마한 폭탄들로 인해 지구가 너무도 많이 흔들렸습니다. 짧은 시간에 최대한 많은 사람들을 살상하기 위해 화학전이 동원되었으며 레이저 기술을 이용한 방사선 중독 기법도 사용되었지요.

먼저 공격한 쪽은 어디인가요?

레뮤리아가 먼저 아틀란티스를 공격했습니다. 레뮤리아는 아틀란티스인들이 자신들의 대륙을 '아틀란티스의 대지'라고 부르며 너무나 사랑한다는 사실을 알았기에 그 땅을 파괴하기로 했습니다. 그래서 먼저 거대한 폭탄을 대륙의 지표면 아래에 설치하여 땅을 폭파한 후, 바닷물이 차오르면서 대륙이 천천히 가라앉는 방식을 실행한 것이지요. 레뮤리아인들은 아주 오랫동안 이 프로젝트를 계획했습니다. 이로 인해 아틀란티스 대륙은 가라앉지는 않았지만 심각하게 파괴되었고 수백만 명의 아틀란티스인들이 살상되었습니다. 이 방법은 극악무도한 것이었습니다.

당시 110억 명에 달하던 세계인들은 이 사건에 대해 커다란 수치심을 느끼게 되었으며 지구와 동식물들까지도 인간들의 잔인함에 엄청나게 실망하게 되었지요. 이 사건은 어머니 지구가 처음으로 인간들의 잔인함에 대해 온전하게 느끼게 된 사건이었습니다. 특히 인간들을 보호해왔던 존재로서 말이지요. 그렇게 전쟁은 슬픈 전설을 남기고 끝나게 되었습니다.

너무나 슬픈 지구의 전설이군요.

레무리아는 두 번째 달에 문명을 건설했다는 것에 큰 자부심을 가지고 있었습니다. 아틀란티스가 자신의 대륙에 큰 자부심을 가지고 있었던 것처럼요. 아틀란티스는 레무리아가 아틀란티스 대륙을 공격하자 두 번째 달을 공격하여 궤도에서 밀어내 버렸습니다. 그렇게 역사는 반복되었고 복수는 복수를 낳았습니다.

칼을 칼로 갚는다는 것은 끝없는 악순환을 낳는군요. 안타깝습니다. 그 끔찍한 마지막 전투 이후 아틀란티스와 레무리아는 어떻게 되었는지요?

레뮤리아인 중 4분의 1은 지구에 남고 4분의 3은 플레이아데스로 이주했습니다. 지구에 남은 4분의 1의 레뮤리아인들은 자신들이 했던 일에 대해 너무나 큰 죄책감을 느꼈고 혼란기에 결국 죽음을 맞이했습니다.

그들이 죽음을 맞이하게 된 지구 혼란기의 모습은 어떠했는지요?

지금으로부터 약 70만 년 전에 아틀란티스와 레뮤리아의 마지막 전쟁이 있었는데 그 마지막 전쟁 후 몇 천 년이 지나 지구의 혼란기가 시작되었습니다. 지구에 수많은 자연재해가 일어나기 시작한 것이죠. 대륙의 이동과 기상이변이 시작되었으며 바다가 솟아오르거나 가라앉기 시작했습니다. 그것은 지구의 분노였습니다.

그런 혼란기가 왔던 이유는 무엇인지요?

아틀란티스와 레뮤리아의 전쟁으로 지구는 너무나 많이 파괴되었습니다. 이를 정화하기 위해서 혼란기가 필요했지요. 혼란기 동안 지구는 아무런 자비심을 보여주지 않았습니다. 바다는 거세어졌고 대륙의 이동으로 인해 땅이

융기하거나 가라앉았으며 날씨는 극단적으로 치달았습니다. 재난이 지속되면서 지구는 인간들이 만들어 놓은 모든 것들을 제거하고 새로이 시작할 수 있도록 재편하였습니다.

인간이 만든 전쟁의 폐허가 다시 인간에게 재해로 돌아왔군요. 그 후에 살아남은 인류는 있었는지요?

네, 있었습니다. 지구 밖에서 우주선에 타 있거나 달에서 기다리던 아틀란티스인들은 지구의 혼란기가 끝나기 얼마 전에 지상으로 돌아왔습니다. 하지만 지상에는 먹을 것과 자원이 거의 전무한 상태였지요. 그래서 아틀란티스인들은 지구 내부 즉, 지표면 아래로 이동했습니다.

이것은 그들의 신체 구조가 지구 내부에서 살 수 있는 수준에 도달했기 때문에 가능했습니다. 지구 내부로 들어가기 위해서는 신체 구조가 에테르 단계ethereal stage에 도달해야 합니다. 에테르 단계는 체내의 에너지를 스스로 조절할 수 있는 단계로 이 단계에 도달하면 자신의 몸을 보이지 않게 할 수도 있고 더 이상 방사능의 영향을 받지도 않습니다. 대신 에테르체는 방사능에서 나오는 에너지를 활용할 수 있게 됩니다. 체내의 에너지가 전신을 흐르면서 병을 일으킬 수 있는 정체된 에너지를 모두 해소하고 몸을 치유하게 되는 것이지요.

지구 공동설[19]과 지구 내부에 많은 존재들이 살고 있다는 이야기를 들은 적이 있는데 그게 사실이었군요. 그들은 아직도 지구 내부에서 생활하고 있는지요?

그렇습니다. 아틀란티스인들은 고립되길 원했습니다. 특히 시리우스로부터요. 시리우스가 아틀란티스를 지배하려 했기 때문에 시리우스와의 접촉을 끊고 자기들끼리 평화롭게 살기를 원했던 것이지요.

· 아틀란티스는 시리우스의 지배를 받았고 레뮤리아는 플레이아데스의 지배를 받았습니다만 그렇다고 시리우스나 플레이아데스에서 아틀란티스와 레뮤리아가 싸우길 바랐

---

19) 지구의 속이 텅 비어 있으며 남극과 북극에 그 비어 있는 속으로 들어갈 수 있는 입구가 있다는 설.

던 것은 아닙니다. 단지 지구에 자신들의 왕국을 건설하고 싶어 했던 것이죠. 하지만 두 나라는 수많은 전쟁을 벌여 결국 지구에 혼란기가 찾아오게 되었던 것입니다.

아틀란티스는 왜 시리우스의 지배를 받게 되었던 것인지요?

아틀란티스인들은 본래 시리우스에서 왔습니다. 시리우스인들의 영이 이식된 것이지요. 아틀란티스인들은 자신들이 살고 있는 지구별을 시리우스와 같은 수준으로 끌어올리려 노력했습니다. 자신들이 시리우스인들보다 월등하다는 사실을 증명하고 싶었거든요. 아틀란티스인들은 시리우스가 자신들의 문명을 향상시킬 수 있는 방법을 전해주려 하지 않자 많은 배신감을 느꼈습니다. 자신들이 시리우스에서 왔으니 고향별인 시리우스는 자신들이 성장하는 것을 도와주어야 한다고 생각했지요.

원래 아틀란티스인들은 지구에서 완전히 새로운 시작을 하려고 시리우스를 떠났습니다. 시리우스에 배신감을 느낀 시리우스인들이 지구에 내려왔던 것입니다. 그것은 시리우스의 역사에서 슬픈 부분이었습니다. 왜냐하면 시리우스를 떠난 사람들 중 많은 이들이 시리우스에서 매우 중요한 역할을 맡고 있었거든요.

시리우스인들이 자기별을 떠난 이유는 시리우스의 법이 행동과 생활에 더 엄격해지고 있어서였습니다. 당시 시리우스는 발전하여 우주의 표준이 되는 행성으로 바뀌는 과정이었지요. 하지만 아틀란티스에 내려온 사람들은 의견이 많이 달라서 시리우스를 떠났던 것입니다.

아틀란티스인들이 지구에서 살 때 시리우스에 대해 취했던 행동들, 그리고 시리우스를 떠났던 아픈 역사 때문에 시리우스는 아틀란티스를 도와주지 않았던 것입니다.

두 문명의 중재자, 에비티스

그럼 아틀란티스와 레뮤리아가 대립하고 전쟁을 했던 근본 원인은 무엇인가요?

아틀란티스와 레뮤리아 간의 대립이 점점 커졌던 이유는 오직 하나, 서로에 대한 사랑이 없었기 때문입니다. 만약 사랑으로 한마음이 되기 위해 한쪽에서 먼저 자신들의 방식을 바꾸었다면 대립은 발생하지 않았을 것입니다.

8개의 제국들은 처음부터 한마음을 이룰 능력이 없었습니다. 한마음을 이루지 못했기에, 결국 한 제국은 언제나 또 다른 제국에게 강제로 합병당해야 했지요. 그들이 처음부터 한마음을 이루었다면 역사는 완전히 다른 양상을 보였을 것이고 그 명성은 은하계에 길이 전해졌을 것입니다. 그러나 그들 사이에 한마음은 한 번도 이루어진 적이 없었습니다. 아틀란티스와 레뮤리아는 기나긴 세월 동안 서로 싸우며 불필요한 고통을 겪어야 했습니다.

두 제국이 평화를 위해 노력했던 적은 없었나요?

아틀란티스와 레뮤리아가 모두 상대방을 자기 식민지로 삼고 세계의 대권을 잡으려는 욕망을 키우고 있을 무렵, '에비티스Ebiteas'라고 불리는 사람이 나타나 두 제국 사이에 중립적인 존재가 되었습니다.

에비티스는 헤로도토스[20]에서 온 영혼으로 지구에 중요한 소명을 갖고 나왔기에 그런 이름으로 태어났습니다. 최초의 종족인 에비티스라는 이름을 갖고 태어났다는 것은 아틀란티스와 레뮤리아가 화합하지 못하는 지구에서 무엇을 해야 하는지를 말해주는 것이었지요.

아틀란티스의 지도부에 속해 있던 에비티스는 두 제국에서 일어난 모든 탐욕의 원천이 '멘트라Mentra'라는 화폐제도에 있다는 것을 알았습니다. 그래서 '실랜더Selander'라는 체제를 고안해 두 제국이 하나로 일하는 동시에 각자 독립성을 유지할 수 있도록 했지요.

실랜더는 더 이상 멘트라를 쓰는 교역이 필요 없는 체제였으며, 양 제국이 통상적인 업무를 멘트라 없이 할 수 있게 하는 아주 적은 수의 간단한 법만 있었습니다. 실랜더는 아무도 급여나 직업에 매이지 않도록 해줌으로써 인간이 돈에서 자유로워질 수 있도록 했죠.

---

20) p.141 '지구와 시리우스별 소개' 참조

실랜더 체제는 세상을 평화롭게도 했는지요?

네. 에비티스가 제안한 실랜더 체제는 성공하여 양 제국 간의 정치가 안정되기 시작했습니다. 전 세계에 평화가 찾아왔고 에비티스는 양 제국 모두에게 구세주로 칭송받았습니다.

그런데 왜 평화로운 세상이 지속되지 않았는지요?

그것은 에비티스가 암살당했기 때문입니다. 실랜더 체제가 도입된 지 100여 년 후에 에비티스는 자신의 생일날 암살되고 말았습니다. 범인은 '테바샨'이라는 레뮤리아인이었는데, 그는 에너지 산업계의 거물이었죠. 이 일로 인해 전 세계 사람들의 가슴이 무너져 내렸습니다. 사람들은 '인류에게는 더 이상 희망이 없는 것인가'라고 말했습니다.

에비티스의 암살이 충격을 준 것은 그토록 순수하고 사랑이 충만한 인간을 죽일 수 있다는 사실 때문이었습니다. 에비티스는 사람들에게 분노나 폭력 없이 문명인답게 살아갈 수 있다는 희망을 보여주었습니다. 하지만 그의 암살사건은 사람들이 인간에 대해 가지고 있던 마지막 믿음마저 산산조각이 나게 만들었지요.

에비티스가 죽은 후 아틀란티스와 레무리아는 그가 가르쳐준 희망을 잃고 살아갔습니다. 시간이 지남에 따라 부정과 부패가 전 세계에 퍼지기 시작했습니다. 사람들은 품위와 도덕성을 잃어버렸고, 제국 내부에서 전쟁이 시작되어 여러 해 동안 지속되었습니다. 사회는 '붕괴된 사회'로 몰락하기 시작했습니다.

계속된 전쟁으로 지구는 더욱 나쁜 상태로 변하였습니다. 세상의 권력들이 인간성보다 기술의 성장을 훨씬 더 중요하게 생각하면서 과학기술은 매우 발달해 갔지만 인간은 본연의 성품을 점점 잃어갔습니다.

그런 일이 있었군요. 마지막 희망마저 인간 스스로 잘라내버린 것이었군요. 한마음이 된다는 것은 너무도 어렵다는 것을 다시 한 번 느낍니다. 과연 한마음을 위해서는 무엇이 필요한지요?

평화와 사랑, 그리고 자유입니다. 인간은 피부색이나 그 밖의 여러 다른 요인들에도 불구하고 한 가족입니다. 하지만 사람들은 차이점만을 보려고 합니다. 진화된 별에서는 서로에 대한 사랑이 한마음을 이룰 만큼 견고하며, 문명은 이를 바탕으로 조화와 평화 속에 공존합니다.

그런데 아틀란티스와 레뮤리아는 오직 자신만을 사랑하였습니다. 두 제국의 역사에서도 사람들이 한마음을 이루도록 하는 데 성공한 몇몇 인물들이 있었습니다만, 시간이 흐름에 따라 사람들은 한마음과 사랑의 중요성을 잊어갔습니다. 양 제국이 지구에 남긴 추악한 역사는 지구를 더없이 고통스럽게 했고 모든 생명체들로 하여금 힘겨운 나날을 보내게 했습니다.

훌륭한 행성이나 문명은 가꾸어나가는 사람들이 사랑을 바탕으로, 모든 것을 받아들이고 서로 존중할 때만이 가능합니다.

21세기
지구 인류의 방향

지금까지 고대문명에 대한 말씀을 들었습니다.
이집트 문명과 수메르 문명을 통해서는 우주인들이 진화를 원하고 있으며 지구에서 이를 위한 실험을 하고 있다는 사실을 알게 되었습니다. 또 우주인들이 여러 고대 건축물들을 건조했다는 사실도 알게 되었고요.
아틀란티스와 레뮤리아를 통해서는 사랑과 한마음의 중요성에 대해서 다시 한 번 느꼈습니다.
마지막으로 우리가 고대문명을 공부하는 것은 어떤 의의가 있을까요?

> 역사는 우주, 지구, 인간, 그리고 동식물 개체가 창조에서부터 발전을 거듭하여 현재에 이르기까지의 기록입니다. 그건 무슨 뜻인가 하면, 우리가 선을 그을 때 두 점을 이으면 앞으로 선이 어느 쪽으로 그어질지 알게 됩니다. 마찬가지로 과거의 기록에서부터 현재에 이르기까지의 선을 알면, 그리고 그것을 연장하면 앞으로 어떻게 될지를 알고 준비할 수 있게 되는 것과 같습니다. 나의 좌표를 알고, 앞으로 나아가기 위해 필요한 도구가 역사라고 할 수 있는 것이지요.

현존 지구 인류에 영향을 가장 많이 미친 고대문명과 고대유적지를 통해 그 문명이 어떻게 생겼는지, 어떤 이유로 생겼는지를 앎으로 인해 지금 현시대에 살고 있는 우리들의 존재 의미를 생각해보도록 하는 것입니다. 모든 것을 자연 발생설에 의존한다면 그것만큼 어리석은 일은 없을 것이지요. 존재하고 있는 의미에 대해서 의도적으로 무시를 하게 되니까요.

우주의 모든 것은 존재하는 의미, 그러니까 발생한 이유가 있습니다. 크게 보면 그것이 우주의 뜻이고요. 자연적으로 발생하는 경우도 있지만, 그것은 아주 좁은 시각에서 볼 때 그런 것이고, 넓은 우주적 시각으로 보면 다 의미가 있습니다. 고대문명은 누군가에 의해, 의도를 가지고 성립이 된 것이지요. 그것을 앎으로써 현재 자신이 존재하고 있는 이유를 돌이켜보도록 하는 것이 고대문명 공부의 목적이라고 할 수 있습니다.

네. 역사가 과거로부터 이어지는 자신의 현 좌표를 알고, 앞으로 나아가기 위해 필요한 도구라고 하셨는데, 궁극적으로 어디로 나아가야 하는 것인지요?

우주 만물은 나온 곳이 같고, 돌아가야 할 곳이 같습니다. 한 점에서 나왔고, 한 점으로 돌아가는데, 그 한 점은 조물주님의 자리, 고향인 무_無라고 하는 것이죠. 지구상의 모든 역사를 바라보면 생성과 투쟁, 소멸 속에서 같은 과정을 되풀이하는 것을 발견할 수 있습니다. 헤겔의 정, 반, 합 변증법이죠.

예를 들어 빅뱅이론[21]에 비유해서 설명을 드리겠습니다. 이론의 옳고 그름 여부는 일단 둘째 치고, 이 이론에 의하면 우주의 모든 것이 한 점에서 나왔습니다. 모든 것이 나온 그 한 점을 무_無라고 표현할 수 있지요. 그렇게 해서 나타나는 우주의 모든 만물은 궁극적으로 '부분'이 아닌 '우주 전체'의 속성을 가지도록 진화하게 되어 있습니다. 진화의 종착역이 완전한 우주의 속성이 되는 것이고요.

좀 더 쉽게 설명해주실 수 있는지요?^^

---

[21] 우주의 처음을 설명하는 우주론 모형으로, 우주의 팽창이 시작된 시점이 있으며 이 점으로부터 대폭발이 일어나 팽창하여 현재에 이르고 있다는 이론.

그러면 인간(영혼)에 한해서만 설명하겠습니다. 영靈은 진화에 진화를 거듭해서 우주를 운행할 수 있는 지혜와 사랑과 힘을 가지는 존재가 되도록 창조되었습니다. 지구는 그러한 영들이 아주 빠르게 진화할 수 있는 고난도 학습장이지요. 그런 목적을 위해 지구상에 모든 시스템이 세팅이 되고, 시험이 되기도 하고, 운영이 되기도 하지요. 그러한 일련의 과정들이 지구상에서 벌어진 역사입니다.

즉, 역사를 통해 인간이 나아가야 할 곳이라는 것은 결국 맑음, 밝음, 따뜻함의 가치가 인류 역사를 발전시키는 데 있어 가장 큰 가치라는 것을 발견하는 것입니다. 그것이 완성된 존재가 궁극적으로 진화한 존재라는 것이지요.

네, 알겠습니다. 그러니까 역사라는 것이 지구 본래의 목적, 즉 인간을 속성으로 진화시키는 학습장으로서 역할을 해온 궤적이며, 앞으로 그 역할을 어떤 식으로 활용할까에 대한 자료라고 보면 되는 것인지요?

맞습니다. 역사가 인간을 어떻게 진화시키고, 또는 그 반대로 이끌었는지를 살펴보는 시각이 그래서 가장 중요하다고 할 수 있어요.

그렇다면 과거 역사를 통해 배운 현재 인류가 나야가야 할 방향은 무엇일까요?

지구의 모든 지구인들을 비롯해서 모든 생명체뿐만이 아니라 우주의 모든 존재는 창조의 목적 자체가 단 한 단어 '진화' 입니다. 그렇기 때문에 우주에 존재하는 어떠한 현상도 '진화' 라는 키워드로 설명이 가능합니다. 어떤 것도요.

더군다나 지구는 진화를 위한 학습장의 역할로서 생성되었기 때문에 진화를 빼놓고 지구상에서 벌어지는 현상에 대해 무엇을 논한다는 것은 있을 수 없는 일입니다.

그런데 지금의 지구는 어떤지요? 진화라는 핵심은 쏙 빼놓고 그를 위한 도구인 온갖 욕망에만 집중해서 점점 망가져가고 있는 상황이죠. 마치 비행기가 진화, 즉 이륙을 위해 달리고 있다는 사실은 망각하고 오로지 달리는 것에만 집중해서 낭떠러지를 앞에 두고 있는 것과 같습니다.

인류가 이제껏 발전시켜온 현대의 모든 문명은 비행기로 따지면 활주로를 달려온 것과 같습니다. 과거에 100년 동안 이룬 성장이 근대의 1년 성장과 맞먹는 것을 본다면 활주로를 달리는 속도는 점점 빨라지고 있음을 알 수 있지요. 그리고 지구상에서 벌어지는, 점차 늘어나고 있는 정신적, 물질적 폐해, 그리고 자연재해들은 활주로의 끝이 얼마 남지 않았음을 보여주고 있습니다. 이 점을 지구인들은 인식해야 하는 것입니다.

그렇다면 활주로의 끝에 다다른 지구 여객기가 이륙하는 방법은 무엇인지요?

그것은 지구의, 인간의 본래 목적을 찾아가는 것입니다. 그동안 쏙 빼놓고 있었던 진화에 대해서 다시금 인식을 해보는 것이지요. 물질적 욕망, 성에 대한 욕망, 편리함에 대한 욕망(여기서 과생산, 과소비로 자원이 낭비되고 지구가 오염되죠)에 탐닉하기 이전에, 자신이 추구하고 있는 것이 본래 무엇이었던가를 깨닫는 과정이 필요합니다. 그건 바로 진화이지요.

여러분들이 지구에 태어나기 전에는 우주에서 진화를 갈망하던 존재였다는 사실을 인식하셔야 됩니다. 다른 것은 다 망각하고 태어났다 하더라도, 그것만은 반드시 기억을 일깨우셔야 합니다. 본래 우주에서 맑고 순수한 영으로 존재하던 여러분은, 좀 더 진화하여 우주의 일부로서 존재하기 위해서 지구의 과정을 선택해서 오신 겁니다.

지구에서 영영 살기 위해서 온 것이 아니고, 지구의 과정을 잘 마치고 좀 더 진화된 존재로 성장하기 위해 어려운 학습장을 선택해서 오신 것이지요.

3차원 물질계에 존재하는 자신의 모습은 전부가 아니고 일부라는 사실을 인식하셔야 합니다. 그 몸을 도구삼아 영혼을 맑고 아름답게 가꾸어가는 과정이야말로 여러분이 지구에 태어난 유일한 목적이고, 이 목적을 달성할 때만이 나의 내면에 잠들어 있던 모든 갈망이 충족됨을 느끼며 더 없는 만족을 갖게 됩니다. 이 때 비로소 우주의 일부로서 존재하는, 우주시민의 자격을 가질 수 있게 됩니다.

우리 우주인들은 지구인 여러분이 눈을 뜰 수 있기를 기대합니다. 잠들어 있던 여러분의 영혼이 눈을 뜨고, 우주적인 의식을 되찾아 우주시민으로서 함께 우주를 여행할 날을 기다립니다.

저도 우주시민으로서 토란트님과 함께 우주를 여행할 그날이 어서 오기를 바랍니다. 그동인의 대화에 감사드립니다.

에필로그

 지금도 애잔한 토란트님의 마음이 느껴집니다.
 저는 대화를 통해 우주인들의 진심을 느꼈습니다. 그들이 지구를 찾아와서 말을 걸어오는 그 마음 말입니다. 다른 차원에 존재하는 그들의 모습을 3차원의 지구인에게 보이고, 이렇게 직접적인 접촉까지 시도하는 마음에는 지구와 그 가족들을 사랑하고 걱정하는 마음이 있었습니다.

 그들의 존재 방식과 출현 이유, 그들이 우리를 사랑하는 이유에는 많은 설명이 필요했습니다. 깨이지 못한 지구인들은 전혀 모르는 우주의 존재 원리가 있었기 때문입니다.

'진화'는 그 중의 하나였습니다. 시리우스인들이 이집트 문명과 메소포타미아 문명을 건설한 목적은 진화에 관한 실험을 위해서였습니다. 시리우스인들이 우주의 '학교'인 지구에서 태어날 때 진화에 좀 더 적합한 환경을 만들 수 있는가에 관한 실험이었던 것입니다. 토란트님에게서 그 과정에 관한 자세한 설명을 듣다 보니 저의 세계관은 완전히 바뀌기 시작했습니다.

토란트님이 아틀란티스와 레뮤리아에 대해 설명했던 이유 역시 저의 의식을 깨우기 위해서였습니다. 현 문명 이전의 문명인 아틀란티스와 레뮤리아에 대한 설명을 듣다 보니 뛰어난 과학기술을 보유했다 하더라도 그것이 꼭 바람직한 방향으로 나아가는 것은 아니라는 것을 깨달을 수 있었습니다.

물질문명이 발달할수록 그를 뒷받침할 정신문명이 진화하지 않으면 모래 위에 성을 쌓듯 한순간에 모든 것이 무너질 수 있었던 것입니다.

번영과 퇴화의 갈림길에 선 우리에게 토란트님이 정작 말하고 싶어 했던 역사는 바로 이 순간이었습니다. 역사는 과거를 비추어 현재를 사는 것이며, 어떤 삶을 살 것인가 하는 숙제는 지금 우리 앞에 서 있습니다. 그 숙제는 인간이 이기심과 무관심에서 벗어나 지구와 그 가족들과 사랑으로 하나 되는 것이었습니다.

그 사랑을 실천하기 위해 저는 요즘 환경에 대해 관심을 갖고 있습니다. 지금 이 순간에도 파괴되고 있는 지구를 살리기 위해서 내가 할 수 있는 일은 무엇이 있을까. 많은 사람들이 지구를 살리는 운동에 동참할 수 있는 방법은 어떤 것이 있을까.

환경에 관해 알면 알수록 내가 알고 있는 것, 내가 할 수 있는 것은 너무나 미약함을 느낍니다. 하지만 한 그루의 사과나무를 심는 마음으로 저는 언제나 제 길을 갈 것입니다. 지구를 살릴 수 있는 작은 실천을 계속해 나갈 것이며 사람들과 나눌 것입니다.

이 작은 실천과 나눔이 모여 큰 강을 이룰 그 날을, 작은 가슴들이 모여 지구를 뒤덮을 큰 사랑이 될 날을 꿈꾸며 저의 이야기를 마칩니다.

지구와 시리우스별 소개

★ 지구

3차원의 별로서 우리은하의 궁수자리와 머리털자리에 걸쳐 있으며(우주에서는 마틴성단 아류은하계 아루이은하로 불림) 태양계 제4성으로 7.8등급의 별이다. 우주에서도 유명한 고난도의 학습장별로서 다양함과 선악善惡의 공존으로 인해 인간 감정의 기복이 극단을 달리게 하는 특성이 있으며 윤회가 존재하는 곳이다. 다양한 파장과 에너지로 인해 생기生氣의 배치가 실제 별의 등급보다 높은 8.9등급인 속성수련速性修鍊 별이다.

★ 시리우스

5차원의 별로서 큰개자리에 있으며 8.4등급의 별이다. 크기는 지구와 거의 비슷하며 육안으로 볼 때 동반성과 함께 두 개의 별로 보이나 실제 9개의 항성과 그 주위를 도는 여러 개의 행성으로 이루어진 별들의 무리이다. 현재의 지구가 차원 상승 과정을 거친 후 도달할 바로 다음 차원의 별이다.

★ 플레이아데스

6차원의 별로서 황소자리에 있으며 8.6등급의 별이다. 황소자리는 7개 별로 되어 있으며 물질문명에서 정신문명으로 진화하여 지구가 차원 이동할 때 직접적인 도움을 줄 수 있는 별이다. 플레이아데스인들은 지구인들이 가지는 감정에 대해 잘 알고 있다.

★ 헤로도토스

9차원의 별로서 안드로메다 성단에 있는 9.6등급의 별이다. 가장 차원이 높은 완전한 기적공간인 10차원으로 진입하기 위해서 최종적인 시험을 치르는 장소로서 우주에서도 유명한 곳이다.

★ 참고

　우주는 1~10차원으로 되어 있으며 그 중에서 4차원 이하는 물질계의 원리로, 5차원 이상은 비물질계의 원리로 만들어져 있다. 그 중간에 위치한 5차원은 물질계와 비물질계를 이어주는 통로의 역할을 한다.

　여기에서 별의 등급은 육안으로 보이는 별의 밝기에 의한 등급을 의미하는 것이 아니라, 별의 진화에 따른 수준을 말하는 것으로 '차원'이 별의 환경을 의미한다면 '등급'은 별에 존재하는 모든 존재들의 영성의 수준 상태를 나타내는 등급을 말하는 것이다.

⊙ 이 책을 펴낸 곳 명상학교 수선재는

너무나 궁금했던,
그러나 누구도 알려주지 않던
인생의 비밀을 알려주는 학교

'내 인생은 왜 이런 걸까?'

누구나 살면서 울적하거나 힘든 일이 생기면 이런 생각을 하곤 합니다. 그러다가 상황이 좋아지면 언제 그랬냐는 듯 그런 생각은 다시 마음 한구석에 넣어두고 까맣게 잊고 살게 됩니다. 그러다 다시 인생의 난관에 부딪히면 답이 나오지 않는 이런 신세한탄을 반복하며 살아가는 것이 보통 사람들의 모습입니다. 결국 불치병에 걸리거나 죽음 직전에 이르러서야 무릎을 치며 한평생 알지 못한, 그러나 반드시 알고 죽어야 할 사실이 있었다는 것을 깨닫게 됩니다.

'내 인생의 진정한 의미는 어디에 있는가?'
'가장 인간답게 산다는 것은 어떤 삶인가?'

수선재는 이러한 풀리지 않는 삶의 근원적인 질문을 품고 사는 현대인들이 삶의 참의미를 찾을 수 있는 도심 속 명상학교입니다.

이곳은 어린 시절 자신의 실수로 세상을 떠나게 된 동생에 대한 아픈 기억을 내면의 치유를 통해 극복한 중년남성, 하루도 조용할 날이 없는 사고뭉치들이 모인 남자고등학교에서 담임을 맡고 있지만 그 아이들에게 더 많은 것을 배우고 있다는 젊은 여선생님, 20대에 걸린 난소종양을 극복하고 동물농장을 만들며 자연과 하나 된 삶을 사는 그림 작가, 성공을 위해 10여 년간 서울에서 일에 파묻혀 살다 귀농을 결심한 후 자연 속에서 인생의 참맛을 알게 된 커리어우먼, 12년 동안 한국의 자연과 문화에 푹 빠져 살면서 한국인 못지않게 된장국을 잘 끓이게 된 미국인 등…. 평범한 삶을 살아가는 특별한 사람들이 학생으로 있는 곳입니다.

이들은 명상을 통해 단절되었던 자신의 내면과 이웃, 자연, 우주와의 관계를 회복하여 그들과 하나 됨 속에서 참다운 행복을 되찾아가고 있습니다. 또한 깨닫게 된 진리를 가족과 이웃뿐 아니라 세상에 전하며 자연만물과 인간이 공존하고 상생할 수 있는 실천적인 삶을 살아가고 있습니다.

• 명상학교 수선재 홈페이지 www.suseonjae.org

◉ 명상학교 수선재 회원들의 활동 내용

1. 인생박물관 '선 뮤지엄'

삶은 무엇이며 죽음은 또 무엇인가?
인생을 어떻게 살아야 하는가?
수많은 현대인들이 애타게 답을 찾는 질문입니다.
 청년들은 물론이거니와 중년, 노년에 이르기까지 삶의 길을 찾지 못하고 당황하는 이들이 늘고 있습니다.

 본디 사람과 자연, 하늘, 우주는 하나에서 나왔으며 서로 돕고 사랑하며 지구라는 별을 아름답고 풍요로운 생명의 별로 가꾸어왔습니다. 그러나 물질문명이 득세하면서 인간은 점점 다른 존재들에게서 멀어지고 오직 자신들만을 위한 이

기적인 문명을 만들었습니다. 그 결과 지구는 회복이 어려운 중병을 앓고 있으며 모든 자연과 우주의 존재들은 인간에게 경고를 보내고 있습니다. 수선재 선 뮤지엄은 이러한 지구의 위기를 가져온 인간의 잘못을 알리는 한편 서로 사랑하고 상생하는 삶의 모델을 제시하는 인생박물관입니다.

• 선 뮤지엄 홈페이지 www.seonmuseum.org

2. 보람 있는 삶과 아름다운 죽음을 가르치는 '선문화진흥원'

선문화진흥원은 삶을 어떻게 살고 죽음을 어떻게 준비해야 하는지 가르치는 인생교육의 장場이며 명상전문가, 전직 교사, 예술치유가, 자연농법 전문가 등이 모여 설립한 비영리교육기관입니다. 선仙이란 곧 사람-자연-우주가 서로 조화롭게 공존하는 모습인 것입니다. 세상에 좋은 가르침이 넘쳐나건만 그것들이 대중에게 큰 도움이 되지 못하는 이유는 부분적으로 접근하기 때문입니다. 사회현실에 대해서만, 자연현상에 대해서만, 혹은 정신세계에 대해서만 이야기하기 때문입니다.

보람 있는 삶과 아름다운 죽음을 이루려면 사람과 자연과 하늘에 대한 앎과 사랑이 동시에 필요합니다. 참 삶의 길은 사람사랑, 자연사랑, 하늘사랑을 동시에 실천할 때 찾아질 수 있습니다. 선문화진흥원은 이러한 선문화를 통해 삶의 가르침을 전하는 통합교육의 장입니다.

또한 삶과 죽음에 대한 올바른 이해를 바탕으로 자연회복과 바른 장례문화 정착을 위해 '무덤 없애기 운동', '사후 장기기증 및 호스피스 활동', 아름다운 완성을 이룬 이들의 친자연적인 영원한 쉼터 '영생원 건립' 등의 활발한 활동을 하고 있습니다.

• 선문화진흥원 홈페이지 www.seonculture.net

⊙ 지구를 살리는 사랑실천

● 쓰레기를 줄이겠습니다
    1. 휴지 대신 손수건을 사용합니다
    2. 비닐백 대신 장바구니를 사용합니다
    3. 종이컵 대신 개인컵(머그컵)을 사용합니다

● 에너지/물 사용을 줄이겠습니다
    1. 가까운 거리는 걸어서 다닙니다
    2. 전자 제품 사용 후에는 플러그를 뽑습니다
    3. 양치할 땐 양치컵을 사용합니다

● 채식을 실천하겠습니다
    1. 텃밭(실내) 채소를 키워서 먹습니다
    2. 육류 대신 콩제품이나 해조류를 먹습니다
    3. 채식 위주의 식사를 합니다

● 친환경 제품을 사용하겠습니다

  1. 합성 세제 사용을 줄입니다

  2. 알루미늄 프일과 비닐랩을 사용하지 않습니다

  3. 제철 농산물과 로컬 푸드를 이용합니다

● 지구와 교감하겠습니다

  1. 걸을 때는 걷기에만 열중하며 마주치는 사물과 인사합니다

  2. 매일 지구와 그 가족의 안위를 위해 기원합니다

  3. 환경을 살리는 실천 방법을 주변과 나눕니다

우주인의 사랑 메시지
우주에서 온 고대문명의 설계자들

ⓒ 수선재 2011

1판 1쇄 | 2011년 7월 18일
지은이 | 정래홍과 토란트
펴낸곳 | (주)도서출판 수선재
펴낸이 | 이혜선
편집팀 | 최경아, 윤양순, 제지원
마케팅팀 | 서대완, 김부연, 정원재
출판등록 | 1999년 3월 22일 (제1-2469호)
주소 | 서울 종로구 가회동 172-1 3층
전화 | 02)737-9454 | 팩스 02)6918-6789
홈페이지 | www.suseonjaebooks.com
블로그 | blog.naver.com/seonbook
전자우편 | ssjbooks@gmail.com

ISBN 978-89-89150-77-0 03810

• 잘못된 책은 바꾸어 드립니다.
• 저자와 협의하여 인지는 생략합니다.